• Die Sprachzeitung •

# ABITUR-WORTSCHATZ SPANISCH

Prüfungsrelevante Vokabeln mit Beispielsätzen | Niveau B1 – C1

AF704711

Carl Ed. Schünemann KG

# *Vorwort*

Für die Vorbereitung auf das Abitur und andere Prüfungen im Fach Spanisch brauchst du einen guten Wortschatz in der Fremdsprache. Er gibt dir Sicherheit und Selbstvertrauen in der stressigen Prüfungssituation.

Die Vokabeln in diesem Abiturwortschatz decken alle prüfungsrelevanten Themen ab, sodass du dir schnell den Kernwortschatz zu einem bestimmten Themengebiet aneignen kannst.

Wichtig dabei ist, dass du Vokabeln erstens regelmäßig lernst und zweitens in Zusammenhängen. Es nützt nicht viel, wenn du 1 × pro Woche versuchst, dir viele Vokabeln auf einmal zu merken. Es ist viel effektiver, wenn du dir täglich eine überschaubare Anzahl an Wörtern vornimmst und diese auch regelmäßig wiederholst. Du wirst sehen, dass du auf diese Weise in relativ kurzer Zeit deinen Wortschatz spürbar gefestigt hast.

Auch das Lernen in Zusammenhängen ist sehr wichtig: Präge dir jeweils immer den Beispielsatz gut ein, denn im Kontext merkt man sich Wörter meistens besser. Außerdem wirst du feststellen, dass zusätzlich zur Übersetzung und zum Beispielsatz auch Synonyme und Antonyme angegeben sind, also Wörter aus dem Wortfeld. Lernst du diese Wörter von Anfang an mit, erweiterst du deinen Wortschatz und kannst dich eloquenter ausdrücken.

Ebenso kannst du sehen, dass auch andere Wörter derselben Wortfamilie angegeben sind. Solltest du einmal auf ein Wort stoßen, dessen Bedeutung du nicht kennst, kennst du aber vielleicht andere Wörter aus derselben Wortfamilie und kannst dir die Bedeutung selbst herleiten.

In regelmäßigen Abständen findest du kleinere Übungen, mit denen du das Gelernte festigen und in neuen Kontexten anwenden kannst.

*Viel Erfolg und gute Noten wünscht*
*die Spanisch-Redaktion*

## 1 SOCIEDAD
## FAMILIA • VIDA COTIDIANA

**el/la abuelo/-a** Großvater/-mutter
*Mi abuelo es el padre de mi padre.*

**adoptar** adoptieren — **la adopción**
*Arturo y María adoptaron un niño el año pasado.*

**el/la amo/-a de casa** Hausmann/-frau
*Cuando mis hijos eran pequeños fui amo de casa durante cinco años.*

**el/la cabeza de familia** Familienoberhaupt
*Desde que murieron mis padres, mi hermana es la cabeza de familia.*

**casarse** heiraten — **casado/-a**
*Mi prima Clara se va a casar con su novio; salen juntos desde hace siete años.*

**la conciliación** Vereinbarkeit (von Familie und Beruf) — **conciliar**
*No todos los trabajos son perfectos para la conciliación familiar y laboral.*

**convivir** zusammenleben — **vivir**
*En Barcelona conviven personas de muchos lugares distintos.*

**criar** großziehen; erziehen
*Manuel fue criado por sus abuelos.*

**cuidar a/de** sich kümmern um — **el cuidado**
*Esta tarde no puedo quedar contigo porque tengo que cuidar a Juan.*

**el/la cuñado/-a** Schwager/-wägerin
*La hermana de mi novia es mi cuñada.*

**la custodia** Sorgerecht
*Juana perdió la custodia de sus hijos el pasado mes de marzo.*

**divorciarse** sich scheiden lassen — **el divorcio**
*Fabián y Carolina se divorciaron después de diez años casados.*

**el embarazo** Schwangerschaft

*Daniela tiene un embarazo de siete meses.*

**el/la esposo/-a** Ehemann/-frau

*El esposo de Fina está trabajando en Alemania.*

**la estructura familiar** Familienstruktur

*Las estructuras familiares han cambiado mucho en las últimas décadas.*

**los/las gemelos/-as** (Pl.) Zwillinge (Pl.)

*Mis gemelos son iguales, solo tienen el pelo diferente.*

**la herencia** Erbe

*Mis abuelos repartieron la herencia entre mis tíos y mi madre antes de morir.*

**el hogar** Zuhause; Haushalt

*Cuando voy al pueblo siento que todavía es mi hogar.*

**el/la huérfano/-a** Waisenkind; Waise

*Los huérfanos que no fueron adoptados fueron enviados al orfanato.*

**el matrimonio** Ehe(paar)

*Los abuelos de Lidia llevan treinta años de matrimonio.*

**nacer** geboren werden **≠ morir**

*Jesús nació en Madrid en 1992.*

**el/la nieto/-a** Enkel/in

*Francisca está siempre hablando de sus nietos y de lo orgullosa que está de ellos.*

**el/la novio/-a** feste/r Freund/in; Bräutigam/Braut **el noviazgo**

*Mi novio y yo llevamos cuatro años de relación.*

**la nuera** Schwiegertochter

*Mi nuera y mi hijo van a venir esta tarde de visita.*

**el/la padre/madre soltero/-a** alleinerziehende/r Vater/Mutter

*Las madres solteras trabajan mucho para mantener a sus hijos.*

**el/la padrino/madrina** Pate/-in

*Mi padrino era mi abuelo y mi madrina, mi abuela.*

**la pareja** Paar; (Lebens)partner/in

*Mi pareja y yo llevamos juntos dos años.*

**pelearse** sich streiten **la pelea**

*Mis hermanos pequeños se pelean todos los días.*

**pertenecer a** gehören zu

*Desde hace unos meses pertenezco a una ONG.*

**la seguridad** Sicherheit **asegurar**

*Muchos inmigrantes que vienen aquí buscan seguridad.*

**separarse** sich trennen

*Desde que se separaron, mis padres se pelean menos.*

**el/la sobrino/-a** Neffe/Nichte

*Mi sobrino y mi hermano están pasando el día en el campo.*

**el/la suegro/-a** Schwiegervater/-mutter

*Mis suegros son muy amables y simpáticos.*

**la vida cotidiana** Alltag

*Los alumnos aprenden más rápido con ejemplos de la vida cotidiana.*

**el/la viudo/-a** Witwe/r

*La madre de María es viuda desde que murió su esposo.*

**el yerno** Schwiegersohn

*A Francisco no le cae bien su yerno.*

**1** *Completa las frases con palabras de 'Familia • Vida cotidiana'.*

1. Muchas parejas con hijos están descontentas por la falta de trabajos que hagan más fácil la ____________________ .
2. Cuando mi ____________________ empezó a salir con mi hermano, no me parecía tan simpática.
3. Mario opina que el ____________________ no es necesario para formar una familia.
4. Mi abuelo es ____________________ desde que murió mi abuela.
5. He perdido la ____________________ de mis hijos, pero quiero recuperarla pronto para pasar más tiempo con ellos.
6. María quería ser madre y el año pasado decidió ____________________ a un niño.
7. Cuando era pequeño comía todos los días en casa de mis ____________________ .
8. Esta noche tengo que ____________________ mi hermana pequeña y no puedo salir.
9. Los hijos de tus hijos serán tus ____________________ .
10. Cuando Daniela perdió a sus padres se quedó ____________________ .

## ROLES DE GÉNERO

**autodeterminado/-a** selbstbestimmt **= autónomo/-a**

*El pueblo pide el derecho a un desarrollo autodeterminado y, por tanto, independiente del Estado.*

**emanciparse** selbstständig werden **la emancipación**

*La mayoría de los jóvenes españoles tardan mucho en emanciparse.*

**la exclusión** Ausgrenzung **≠ la inclusión**

*El próximo Gobierno tiene que hacer algo contra la exclusión social.*

**la igualdad (de género)** Gleichberechtigung (der Geschlechter)

*Todos los partidos democráticos tienen que estar concienciados con la igualdad.*

**la lucha** Kampf **luchar**

*Muchos estudiantes apoyaron la lucha universitaria contra los recortes.*

**el machismo** Machismus; Gefühl der Überlegenheit des Mannes

*El 8 de marzo hay varias manifestaciones contra el machismo por toda España.*

**el matrimonio homosexual** gleichgeschlechtliche Ehe

*El matrimonio homosexual fue aprobado en España en julio de 2005.*

**oprimir** unterdrücken **la opresión**

*En muchos países los ricos aún oprimen a los pobres.*

**el prejuicio** Vorurteil

*Las ideas racistas proceden de determinados prejuicios.*

**el rechazo** Ablehnung; Zurückweisung **rechazar**

*Se organizó una manifestación para mostrar el rechazo contra la violencia de género.*

**el tópico** Klischee

*En España existe el tópico de que los murcianos son muy graciosos.*

**transgénero** Transgender…

*En 2008 se incluyó a las personas transgénero en la organización.*

**la violencia de género** geschlechtsspezifische Gewalt

*La violencia de género se considera un grave problema de salud pública que afecta a las mujeres.*

**2** *Resuelve el siguiente crucigrama con las palabras de 'Roles de género'.*

### Horizontal

1. Una persona que nace con un sexo, pero se siente del sexo opuesto es...
2. Álex se... a los 20 años de casa de sus padres.

### Vertical

3. Un matrimonio entre personas del mismo sexo es un matrimonio…
4. El feminismo quiere conseguir la… de género.
5. Una actitud política autónoma e independiente es...
6. Creencia de que los hombres son superiores a las mujeres.
7. Rechazar algo; prescindir de alguien.

## JÓVENES EN ESPAÑA

**la adolescencia** Jugend

*Durante la adolescencia las personas cambian muchísimo.*

**agobiar** deprimieren; bedrücken **el agobio**

*A Jesús le agobian las discotecas.*

**la autoestima** Selbstwertgefühl

*Javier necesita tener una mayor autoestima; no cree en sí mismo.*

**los cambios de humor** (Pl.) Stimmungsschwankungen (Pl.)

*A los catorce años yo tenía muchos cambios de humor.*

**crecer** (auf)wachsen **el crecimiento**

*Mis abuelos crecieron en un pueblo de Asturias.*

**cumplir la mayoría de edad** volljährig werden

*Cuando Inés cumplió la mayoría de edad se tomó una cerveza para celebrarlo.*

**desarrollarse** sich entwickeln **el desarrollo**

*La adolescencia se desarrolla generalmente entre los once y los diecinueve años.*

**empobrecer** verarmen **la pobreza; pobre**

*La juventud española se ha empobrecido en los últimos diez años.*

**el esfuerzo** Anstrengung; Bemühung

*Muchos jóvenes hacen un gran esfuerzo para pagar sus estudios.*

**estar inmerso/-a en una crisis** in einer Krise stecken

*En mi adolescencia estuve inmerso en una crisis emocional.*

**estudiar** studieren; lernen

*Mis amigos estudiaron en Córdoba.*

**la falta de perspectivas** Perspektivlosigkeit

*Los jóvenes de Guatemala están preocupados por la falta de perspectivas en su país.*

**el fracaso** Scheitern **≠ el éxito**

*El fracaso escolar es uno de los problemas de los jóvenes españoles que más preocupa.*

**la incertidumbre** Ungewissheit; Unsicherheit **incierto/-a**

*Muchas personas viven con la incertidumbre de perder su empleo.*

**independizarse de** unabhängig werden von

*Mi prima se independizó de mis tíos hace dos años.*

**maduro/-a** reif **≠ inmaduro/-a**

*Pablo es un chico muy maduro.*

**los mileniales** <eng.> Generation Y; Millennials

*Los mileniales son las personas nacidas entre 1980 y 1994.*

**el/la nini (ni estudia, ni trabaja)** junger Mensch, der weder studiert, noch arbeitet

*La mayoría de los ninis no tienen estudios.*

**el objetivo** Ziel

*El objetivo de Miriam es ir a la universidad.*

**el paro juvenil** Jugendarbeitslosigkeit

*El paro juvenil en España está todavía en el 30%.*

**permitirse** sich leisten **el permiso**

*La mayoría de los jóvenes no pueden permitirse un piso.*

**la pubertad** Pubertät

*La pubertad es la primera etapa de la adolescencia.*

**el reto** Herausforderung **retar**

*El reto del próximo Gobierno es hacer que el paro juvenil baje.*

**sacarse el carné de conducir** den Führerschein machen

*Paula se sacó el carné de conducir el verano pasado.*

**sobrecualificado/-a** überqualifiziert

*Si estás sobrecualificado, puede que tengas problemas para encontrar trabajo.*

**verse en dificultades** in Schwierigkeiten geraten

*Cuando llegué a Madrid me vi en dificultades para encontrar un piso.*

### ? 3 *Sustituye las palabras subrayadas por sinónimos de 'Jóvenes en España'.*

1. Es importante lo que piensas de ti mismo. ______________________
2. A mí me cansa y me preocupa pensar en el futuro. ______________________
3. Todo este trabajo duro al final ha sido útil. ______________________
4. El verano pasado cumplí los 18 años. ______________________
5. Los jóvenes en España tienen carencia de opciones para independizarse. ______________________
6. Progresar significa aprender de las experiencias que has vivido. ______________________
7. Joaquín se ha mudado de casa de sus padres hace poco tiempo. ______________________
8. Clara se siente segura de sí misma y es muy inteligente para su edad. ______________________

## EDUCACIÓN

**abandonar la escuela/los estudios** die Schule/das Studium abbrechen

*Mi padre abandonó la escuela con catorce años.*

**el acoso** Mobbing **acosar**

*El acoso es un problema que sufren muchos adolescentes.*

**aprobar un examen** eine Prüfung bestehen

*Estoy contento porque he aprobado el examen de Matemáticas.*

**la asignatura** Fach

*Mi asignatura favorita es Historia.*

**asistir a/en** teilnehmen an **la asistencia**

*Durante sus años universitarios, María asistió a muchos seminarios de Geografía.*

**el bachillerato** Abitur

*En mi clase de bachillerato había muchos compañeros simpáticos.*

**la beca** Stipendium **el/la becario/-a**

*Mi amigo Darío pudo estudiar un año en Chile gracias a una beca.*

**la carrera** Studiengang

*Estoy muy contento de empezar el año que viene la carrera de Medicina.*

**el certificado escolar** Schulzeugnis

*Mi padre tiene el certificado escolar desde hace unos años; estudió de adulto.*

**el ciclo formativo** Berufsausbildung

*José Manuel hizo un ciclo formativo de Electrónica.*

**copiar** abschreiben **la copia**

*Por favor, chicos, no copiéis las respuestas de los compañeros.*

**el diploma** Zeugnis (an der Universität)

*Para este trabajo no piden ningún diploma.*

**la Educación Primaria Obligatoria** Grundschule

*La Educación Primaria Obligatoria en España es de los seis a los doce años.*

**la Educación Secundaria Obligatoria (ESO)** Mittelschule; etwa: Sekundarstufe I

*La Educación Secundaria Obligatoria en España es de los doce a los dieciséis años.*

**la educación superior** Hochschulbildung

*En España hay más mujeres que hombres con educación superior.*

**graduarse** einen akademischen Titel erlangen **el grado; graduado/-a**

*Me gradué en Historia por la Universidad de Castilla-La Mancha.*

**la guardería** Kindergarten

*Cuando mi prima y su marido van a trabajar dejan a su hijo en la guardería.*

**hacer (unas) prácticas** ein Praktikum absolvieren

*Luis hizo unas prácticas en el Museo del Prado.*

**el horario** Stundenplan; Arbeitszeit

*Lo que menos me gustaba del instituto era el horario.*

**matricularse en la universidad** sich an der Universität immatrikulieren

*En 2020 me matricularé en la universidad.*

**la nota media** Notendurchschnitt

*Para estudiar Medicina es importante tener una buena nota media.*

**repetir (un) curso** eine Klasse wiederholen

*A pesar de repetir un curso, nunca dejó de estudiar.*

**el sistema educativo** Bildungssystem

*El sistema educativo español es diferente del alemán.*

**suspender** durchfallen ≠ **aprobar**

*Este curso he suspendido tres asignaturas.*

**las tasas universitarias** Studiengebühren

*Desde 2010 las tasas universitarias han subido muchísimo.*

**el título de grado** Bachelorabschluss

*Estuve cuatro años en la universidad para obtener el título de grado.*

**el título de máster** Masterabschluss

*Cuando Sofía obtuvo su título de máster se fue un año al extranjero.*

## ? 4 *Usa las siguientes palabras de 'Educación' para rellenar el texto.*

**nota media • bachillerato • horarios • título de máster • suspendí • la Educación Secundaria Obligatoria/la ESO • la guardería • matricularme • repetir un curso • la Educación Primaria • hacer unas prácticas**

Cuando era pequeño, muchos niños iban a 1. ____________________; sus padres trabajaban mucho y tenían 2. ____________________ bastante complicados para pasar la mañana con sus hijos. Yo me quedé en casa hasta los cuatro años, cuando empecé a ir al colegio.

En la etapa de 3. ____________________ yo era muy buen alumno. Siempre lo fui hasta que llegué a la etapa de 4. ____________________ ____________________. Cuando tenía catorce años 5. ____________________ muchas asignaturas e incluso llegué a 6. ____________________.

Sin embargo, gracias a mi madre, sobre todo, conseguí hacer el 7. ____________________ y saqué una buena 8. ____________________.

Por eso pude 9. ______________________ en la universidad. Aprendí mucho durante esos años, sobre todo al 10. ______________________ en un museo y en un instituto. Cuando obtuve, por fin, mi 11. ______________________, me puse muy contento.

## TIEMPO LIBRE

la afición Hobby **aficionado/-a**
*Sus aficiones son leer y ver series.*

el botellón Treffen von Jugendlichen auf öffentl. Plätzen, um sich zu betrinken; Vortrinken **la botella**
*Antes de salir, Sergio y sus amigos han hecho botellón en la plaza.*

el chalé Ferien-/Sommerhaus
*Cuando tenga suficiente dinero me compraré un chalé.*

descansar relaxen; ausruhen **el descanso**
*Esta noche voy a descansar para estar fresco mañana.*

disfrutar de genießen
*En vacaciones me gusta disfrutar del sol y de la playa.*

divertirse sich amüsieren; eine schöne Zeit haben **la diversión**
*Me divierto mucho cuando voy a un concierto de mi grupo favorito.*

entretenerse sich die Zeit vertreiben **el entretenimiento**
*Silvia y Natalia se entretienen en el centro comercial.*

ir al cine ins Kino gehen
*Voy al cine a ver la nueva película de Almodóvar.*

**ir de compras** einkaufen/shoppen gehen
*Me encanta ir de compras con mis padres.*

**el ocio** Freizeit; Muße **ocioso/-a**
*En las ciudades grandes hay muchas alternativas de ocio.*

**salir de copas** etw. trinken gehen
*La noche del sábado suelo salir de copas con mis amigos.*

**tapear** <ugs.> durch Tapas-Bars ziehen **la tapa**
*Los domingos a mediodía mis amigos y yo vamos a tapear.*

## ? 5 *Une cada palabra con su traducción correcta.*

| | |
|---|---|
| 1. tapear | a) disfrutar de |
| 2. el chalé | b) ausruhen |
| 3. genießen | c) salir de copas |
| 4. einkaufen/shoppen gehen | d) divertirse |
| 5. el ocio | e) el botellón |
| 6. descansar | f) durch Tapas-Bars ziehen |
| 7. etwas trinken gehen | g) sich die Zeit vertreiben |
| 8. sich amüsieren | h) Ferien-/Sommerhaus |
| 9. das Vortrinken | i) ir de compras |
| 10. entretenerse | j) Freizeit; Muße |

1. ____ 2. ____ 3. ____ 4. ____ 5. ____ 6. ____ 7. ____

8. ____ 9. ____ 10. ____

# RELIGIÓN

**el/la ateo/-a** Atheist/in

*Los padres de Marina son ateos, no creen en Dios.*

**bautizar** taufen **el bautizo**

*Normalmente, los padres bautizan a sus hijos cuando son bebés.*

**la Biblia** Bibel **bíblico/-a**

*Nunca he leído la Biblia.*

**el budismo** Buddhismus

*El budismo es una doctrina filosófica y espiritual que quiero conocer.*

**el cielo** Himmel **celestial**

*Mi religión dice que Dios creó el cielo.*

**el convento** Kloster

*El convento de los Carmelitas Descalzos de Toledo se construyó en el siglo XVII.*

**convertirse a** konvertieren zu **converso/-a**

*Después de la guerra, todos se convirtieron al cristianismo.*

**el Corán** Koran **coránico/-a**

*El Corán es el libro sagrado del islam.*

**la creencia** Glaube **creer**

*Las creencias son un tema muy personal.*

**el/la creyente** Gläubige/r

*Los creyentes de mi ciudad han recogido dinero para reformar la iglesia.*

**el cristianismo** Christentum **el/la cristiano/-a**

*El cristianismo es la religión de más de 2000 millones de personas en el mundo.*

**la cruz** Kreuz

*La cruz es un símbolo cristiano.*

**el/la dios/a** Gott/Göttin

*Mi dios griego favorito es Dionisos.*

**la fe** Glaube

*La fe de cada uno es algo muy personal.*

**el infierno** Hölle — **infernal**

*Yo creo que el infierno no existe.*

**ir a confesarse** zur Beichte gehen — **la confesión**

*Todos los domingos Joaquín va a confesarse.*

**judío/-a** jüdisch

*La religión judía ha sido una de las más perseguidas de la historia.*

**la libertad de culto** Religionsfreiheit

*En los países democráticos existe la libertad de culto.*

**la mezquita** Moschee

*Said va todos los viernes a la mezquita.*

**el milagro** Wunder — **milagroso/-a**

*Se dice que Jesús hizo muchos milagros a lo largo de su vida.*

**la misa** (christlicher) Gottesdienst; Messe

*Cuando era pequeño iba todos los domingos a la misa de las 11.*

**el/la monje/-a** Mönch/Nonne — **el monasterio**

*Los monjes cartujos pasan casi todo el día sin hablar.*

**el/la musulmán/-mana** Muslim/a

*La mayoría de los musulmanes vive en la región Asia-Pacífico.*

**el/la obispo** Bischof/-öfin

*El obispo de Sevilla visitará hoy la iglesia de Santa María la Blanca.*

**el papa** Papst

*El papa Francisco se llama Jorge Mario Bergoglio.*

**el párroco** Pfarrer **la parroquia**

*El nuevo párroco es muy simpático.*

**el pecado** Sünde

*En el cristianismo hay siete pecados capitales.*

**la persecución religiosa** religiöse Verfolgung

*Los judíos han sufrido una persecución religiosa en muchos lugares del mundo.*

**piadoso/-a** fromm **la piedad**

*Ser piadoso es algo muy importante para los cristianos.*

**predicar** predigen **el/la predicador/a**

*Jesús predicó durante su vida el mensaje de Dios.*

**radicalizar** radikalisieren

*Algunos musulmanes se radicalizan en la cárcel.*

**rezar por** beten für

*No se olvide de rezar por nosotros.*

**el/la sacerdote/-isa** Priester/in

*El sacerdote confirmó que trabajan con refugiados.*

**sacrificar** opfern **el sacrificio**

*Los aztecas sacrificaban a personas en sus templos.*

**sagrado/-a** heilig

*Los templos son lugares sagrados.*

**el/la santo/-a** Heilige/r

*El papa Juan Pablo II fue proclamado santo en 2014.*

**el/la seguidor/a** Anhänger/in **seguir**

*El budismo tiene unos quinientos millones de seguidores.*

**tener la conciencia tranquila** ein reines Gewissen haben

*¿Cuánto vale tener la conciencia tranquila?*

**los valores cristianos** christliche Werte

*Los valores cristianos tienen una enorme influencia en la sociedad europea.*

## ? 6 *Ordena las letras entre paréntesis para formar palabras y completar las frases.*

1. Una persona que no cree en ningún dios es un ________________. **(otae)**
2. El ________________ es la mayor religión de China. **(smubido)**
3. El ________________ es el libro sagrado del islam. **(Croná)**
4. El ________________ es la religión basada en la fe en Cristo. **(toinisascrim)**
5. Jesús es muy religioso. Es una persona muy ________________. **(treyecen)**
6. El cura de mi pueblo se fue a África para ________________ el Evangelio. **(arpidrec)**
7. Mentir y matar son ________________ muy graves. **(caespod)**
8. La ________________ es el libro sagrado del cristianismo. **(abiBil)**

## DEPORTE

**el agotamiento** Erschöpfung **agotar(se)**

*Cuando has corrido cuarenta minutos el agotamiento es normal.*

**el/la árbitro/-a** Schiedsrichter/in **arbitrar**

*El árbitro mostró al jugador una tarjeta amarilla.*

**las artes marciales** (Pl.) Kampfsport

*Las artes marciales tienen más de cuatro mil años de antigüedad.*

**el atletismo** Leichtathletik

*Omara Durand ha ganado varios campeonatos de atletismo.*

**la aventura** Abenteuer

*Cuando estuvimos en Sierra Morena vivimos una aventura inolvidable.*

**el baloncesto** Basketball

*El mundial de baloncesto va a ser muy emocionante.*

**batir un récord** einen Rekord brechen

*Omara Durand batió un record en los Juegos Paralímpicos de Río de Janeiro.*

**el campeonato** Meisterschaft **el/la campeón/-ona**

*Este año el Real Madrid no ha ganado ningún campeonato.*

**el ciclismo** Radsport

*A Javier le gusta ver el ciclismo televisado.*

**la competición** Wettbewerb

*Fernando Alonso quiere probar su nuevo coche en la próxima competición.*

**la Copa Mundial de Fútbol** Fußballweltmeisterschaft

*España ganó la Copa Mundial de la FIFA en 2010.*

**correr** rennen; laufen

*Por las tardes salgo a correr por el parque.*

**el deporte nacional** Nationalsport

*El deporte nacional de Venezuela es el beisbol.*

**deportivo/-a** sportlich **el/la deportista**

*Fer es ahora periodista deportivo.*

**el dopaje** Doping

*El dopaje sigue siendo un problema en el deporte.*

**el equipo** Mannschaft

*Mi equipo favorito es el FC Barcelona.*

**esquiar** Ski fahren

*Todos los inviernos mi familia y yo esquiamos en Baqueira.*

**el estadio de fútbol** Fußballstadion

*El nuevo estadio de fútbol del Atlético de Madrid es muy moderno.*

**el gimnasio** Fitnessstudio

*Sergio entrena cada dos días en el gimnasio.*

**hacerle una falta a alguien** jmdn. foulen

*Sergio Ramos acaba de hacerle una falta a Messi.*

**la lesión (deportiva)** (Sport)verletzung

*Tengo una lesión en la rodilla.*

**la práctica** Übung

*La práctica hace al maestro.*

**practicar deporte** Sport treiben

*Me encanta practicar deporte con mis amigos.*

**surfear** surfen

*El verano que viene pienso surfear en Málaga.*

**la tarjeta amarilla/roja** gelbe/rote Karte

*El árbitro ha mostrado la tarjeta roja al jugador.*

**el torneo** Turnier

*Nadal fue ganador del torneo Roland Garros en 2019.*

**el voleibol** Volleyball

*Cuando Alfredo iba a la universidad jugaba al voleibol.*

**? 7** *Resuelve el siguiente crucigrama con las palabras de 'Deporte'.*

### Horizontal

1. Cuando a un deportista le duele una parte del cuerpo tiene una _ _ _ _ _ _ _.
2. ¡El árbitro ha mostrado una _ _ _ _ _ _ _ amarilla a Sergio Ramos!
3. Un periodista _ _ _ _ _ _ _ _ _ informa sobre eventos como el fútbol, el baloncesto...
4. Lugar donde se practican ejercicios que fortalecen los músculos.
5. Patinar con unos deslizadores de madera por la nieve.

### Vertical

6. El Bayern de Múnich es el _ _ _ _ _ _ favorito de Marcel.
7. Practicar un deporte de playa con una tabla.
8. Andar muy rápido.
9. Espacio abierto donde los aficionados al fútbol ven partidos.
10. Para ser bueno en un deporte se necesita mucha _ _ _ _ _ _ _ _.

# 2 ECONOMÍA, GLOBALIZACIÓN Y TURISMO
## ECONOMÍA

**la acción** Aktie

*Las acciones de Endesa han bajado en tres puntos esta mañana.*

**la administración** Verwaltung — **administrar**

*Para tener éxito en tu empresa es importante una correcta administración del dinero.*

**adquirir** erwerben; kaufen

*En 2013 la empresa adquirió un nuevo edificio.*

**ahorrar** sparen — **el ahorro**

*Ahorrar dinero es importante para el futuro.*

**el auge** Boom; Aufschwung

*El auge de la industria se produjo en el siglo XX.*

**bajar los intereses** die Zinsen senken

*Este año los intereses bajarán un 3,5%.*

**la bancarrota** Bankrott

*Caja Madrid cerró por bancarrota.*

**el beneficio** Gewinn ≠ **la pérdida**

*Muy pocos empresarios tienen grandes beneficios.*

**los bienes** (Pl.) Güter

*Es difícil vender estos bienes en el mercado.*

**la bolsa** Börse

*La bolsa ha subido bastante esta semana.*

**la compañía** Gesellschaft; Firma

*La compañía telefónica quiere abrir más oficinas.*

**la competitividad** Wettbewerbsfähigkeit **competir**

*El Gobierno peruano quiere aumentar la competitividad del país.*

**el/la consultor/a** Berater/in

*El consultor bancario recomendó no invertir por el momento.*

**consumir** verbrauchen; konsumieren **el consumo**

*Los mileniales consumen pensando a corto plazo.*

**la coyuntura** Konjunktur

*La coyuntura económica española es buena desde hace unos meses.*

**el crecimiento económico** Wirtschaftswachstum

*El crecimiento económico es menor en los últimos meses.*

**el crédito** Kredit

*He pedido un crédito para comprar una casa.*

**la crisis económica** Wirtschaftskrise

*Todavía sufrimos las consecuencias de la última crisis económica.*

**la cuenta** Konto

*Para abrir una cuenta en el banco no necesitas dinero.*

**declararse en quiebra** in Konkurs gehen

*La empresa se declaró en quiebra.*

**la demanda** Nachfrage **≠ la oferta**

*La demanda de los productos de nuestra empresa es alta.*

**el desafío** Herausforderung

*El desafío para el próximo año es salir de la crisis económica.*

**la deuda** Schulden (Pl.); Verschuldung **endeudarse**

*La deuda de las familias bajó un 0,2% en 2018.*

**el/la directivo/-a** Manager/in

*Juan es directivo en una conocida empresa.*

**distribuir** vertreiben **el/la distribuidor/a**

*El Estado distribuye el dinero para gastos necesarios.*

**la economía de libre mercado** freie Marktwirtschaft

*Vivimos en un sistema de economía de libre mercado.*

**el/la emprendedor/a** Unternehmer/in **= el/la empresario/-a**

*La crisis es dura para cualquier emprendedor.*

**empresarial** Geschäfts...; Unternehmens... **la empresa**

*Tu nuevo proyecto empresarial es muy original.*

**el éxito** Erfolg **≠ el fracaso**

*Jesús tuvo éxito con su primer restaurante y ha abierto el segundo.*

**el fraude fiscal** Steuerhinterziehung

*España deja de ingresar 1 806 millones de euros por fraude fiscal.*

**fundar** gründen **la fundación**

*Alfredo fundó su empresa en 1987.*

**la gestión** Management **gestionar**

*El Ministerio de Educación quiere mejorar la gestión de las universidades.*

**el impuesto** Steuer

*A nadie le gusta pagar impuestos, pero son muy importantes.*

**los ingresos y los gastos** (Pl.) Einnahmen und Ausgaben (Pl.)

*Toñi controla muy bien los ingresos y los gastos de su familia.*

**invertir en** investieren in **la inversión**

*Muchos empresarios invierten su dinero y compran acciones.*

**involucrado/-a en** verwickelt in

*Javier está muy involucrado en su nuevo proyecto.*

**el/la líder (la lideresa)** (Markt)führer/in

*SEAT es líder en el mercado español.*

**llevarse a cabo** durchführen

*Para ahorrar se llevaron a cabo algunas medidas importantes.*

**la mercancía** Ware

*La mercancía ha llegado bastante rápido.*

**el negocio** Geschäft **negociar**

*Mi padre tenía un pequeño negocio.*

**la oferta** Angebot

*Es bueno para el consumidor si la oferta es mayor que la demanda.*

**el PIB (producto interior bruto)** Bruttoinlandsprodukt (BIP)

*El PIB ha caído durante estos últimos meses en varios países.*

**prestar dinero a alguien** jmdm. Geld leihen

*Mi hermano ha prestado dinero a su novia.*

**los presupuestos** (Pl.) Haushalt(splan)

*Necesitamos equilibrar los presupuestos para poder adquirir material nuevo.*

**el/la propietario/-a** Besitzer/in

*El propietario del supermercado va a abrir uno más en Madrid.*

**las pymes (pequeñas y medianas empresas)** (Pl.)
kleine und mittelständische Unternehmen (Pl.); der Mittelstand

*Las pymes recibirán ayudas durante el año 2020.*

**los recursos** (Pl.) finanzielle Mittel (Pl.)

*El Gobierno ofrecerá vivienda a las familias sin recursos.*

**revelar** enthüllen; preisgeben

*A veces, los periodistas no pueden revelar la información de sus fuentes.*

**la sede** Sitz

*La sede de la empresa se encuentra en Málaga.*

**la trama** Intrige; Affäre

*Sabemos qué miembros del partido pertenecen a la trama de corrupción que ahora se investiga.*

**transferir** überweisen **la transferencia**

*Mis padres me han transferido un poco de dinero.*

**las ventas** (Pl.) Umsatz **vender**

*Las ventas han bajado en un 3,2% este año.*

## 8 *Une cada palabra con su antónimo.*

1. adquirir
2. los ingresos
3. la oferta
4. el auge
5. fundar
6. el beneficio
7. la compañía

a) la demanda
b) la bancarrota
c) declararse en quiebra
d) la deuda
e) vender
f) los gastos
g) la pequeña empresa

1. ____ 2. ____ 3. ____ 4. ____ 5. ____ 6. ____ 7. ____

## AGRICULTURA

**la aceituna** Olive — **el aceite**

*Un plato de aceitunas es una de mis tapas preferidas.*

**el algodón** Baumwolle

*Me encanta la ropa hecha de algodón.*

**el/la campesino/-a** Bauer/Bäuerin

*Los campesinos perdieron mucho dinero por las fuertes lluvias.*

**los cereales** (Pl.) Getreide (Pl.)

*El precio de los cereales ha caído esta semana.*

**la cosecha** Ernte — **cosechar**

*La cosecha de este año se ha visto afectada por las lluvias.*

**cultivar** anbauen — **el cultivo**

*Se necesitan muchas horas de sol para poder cultivar tomates.*

**fértil** fruchtbar

*Para que el suelo sea fértil hay que alimentarlo con materia orgánica.*

**la fluctuación de los precios** Preisfluktuation/-schwankung

*La fluctuación de los precios de los cultivos africanos es la más alta del mundo.*

**las frutas cítricas** (Pl.) Zitrusfrüchte (Pl.)

*Mi fruta cítrica preferida es el limón.*

**la ganadería** Viehzucht

*La ganadería es uno de los sectores importantes de la economía española.*

**las hortalizas** (Pl.) Gemüse

*El tomate y el pimiento son hortalizas.*

**la huerta** (großer) Gemüsegarten

*En las huertas de Murcia crecen muchas hortalizas.*

**el huerto** (kleiner) Gemüsegarten

*Este tomate es del huerto de mis abuelos.*

**las legumbres** (Pl.) Hülsenfrüchte (Pl.)

*Cuando era pequeño no me gustaban mucho las legumbres.*

**nutrir** ernähren; versorgen **nutritivo/-a**

*Las raíces nutren y sostienen los árboles.*

**el olivo** Öl-/Olivenbaum

*En Andalucía se cultivan olivos desde hace más de 2 000 años.*

**la pesca** Fischfang

*La pesca industrial es una actividad económica muy importante en Galicia.*

**el pienso** Futter

*He comprado un nuevo pienso para alimentar a mis animales.*

**la plantación** Pflanzung; Plantage

*En Latinoamérica existen grandes plantaciones de café.*

**el prado** Weide

*Enfrente de nuestra casa había un prado.*

**recoger; recolectar** ernten; pflücken — **la recolección**

*La uva se recoge durante los meses de agosto y de septiembre.*

**regar** gießen; bewässern

*Regué todas las plantas hace dos días.*

**seco/-a** trocken — **≠ húmedo/-a**

*El clima de La Mancha es muy seco.*

**el sistema de riego** Bewässerungssystem

*Los sistemas de riego aumentaron la producción de hortalizas en España.*

**el viñedo** Weinanbau

*En mi región hay muchos viñedos.*

## ? 9 *Une cada palabra con su traducción correcta.*

| | |
|---|---|
| 1. el/la campesino/-a | a) Fischfang |
| 2. la ganadería | b) regar |
| 3. gießen; bewässern | c) nutrir |
| 4. el sistema de riego | d) (größer) Gemüsegarten |
| 5. ernten; pflücken | e) la cosecha |
| 6. cultivar | f) recoger |
| 7. fruchtbar | g) Bauer/Bäuerin |
| 8. la pesca | h) la plantación |

| | |
|---|---|
| 9. ernähren; versorgen | i) anbauen |
| 10. Pflanzung; Plantage | j) Viehzucht |
| 11. la huerta | k) fértil |
| 12. Ernte | l) Bewässerungssystem |

1. ____ 2. ____ 3. ____ 4. ____ 5. ____ 6. ____ 7. ____

8. ____ 9. ____ 10. ____ 11. ____ 12. ____

## MUNDO LABORAL

**ascender a alguien a** jmdn. befördern zu **el ascenso**
*Han ascendido a Marcos a jefe de proyecto.*

**el aumento de sueldo** Gehaltserhöhung
*Juana ha conseguido por fin un aumento de sueldo.*

**el/la autónomo/-a** Selbstständige/r
*Los autónomos españoles quieren ayudas del Gobierno.*

**cobrar la prestación del paro** Arbeitslosengeld (etwa: ALG I) beziehen
*Cuando no tienes trabajo, puedes cobrar la prestación del paro.*

**cobrar el subsidio de desempleo** Arbeitslosengeld (etwa: Hartz 4) beziehen
*Las personas que llevan mucho tiempo sin trabajo cobran el subsidio de desempleo.*

**contratar** einstellen; unter Vertrag nehmen **≠ despedir**
*La empresa ha contratado a tres nuevos trabajadores.*

**el contrato temporal** befristeter Arbeitsvertrag **≠ el contrato indefinido**
*Muchas personas jóvenes tienen solo un contrato temporal.*

**el currículum** Lebenslauf
*Tiene usted un currículum muy bueno.*

**el desempleo** Arbeitslosigkeit **= el paro**

*El desempleo en España es elevado.*

**despedir** entlassen; kündigen **el despido**

*Julio fue despedido de su trabajo el pasado martes.*

**el/la empleado/-a** Angestellte/r

*La nueva empleada es muy organizada.*

**el/la empresario/-a** Arbeitgeber/in

*Las empresarias quieren igualdad en el mundo del trabajo.*

**la entrevista de trabajo** Vorstellungsgespräch

*El próximo miércoles tengo una nueva entrevista de trabajo.*

**la experiencia laboral** Berufserfahrung

*Es necesario tener experiencia laboral para el puesto.*

**el horario laboral** Arbeitszeit

*La Unión Europea ha decidido que se debe controlar el horario laboral.*

**las horas extras** (Pl.) Überstunden (Pl.)

*Muchos trabajadores hacen horas extras sin cobrarlas.*

**la huelga** Streik

*Los trabajadores del aeropuerto hacen huelga desde hace un mes.*

**jubilarse** in Rente gehen **la jubilación**

*Mi abuelo se jubiló con 63 años.*

**el/la parado/-a** Arbeitslose/r **el paro**

*El número de parados españoles ha aumentado el último mes.*

**la plantilla** Belegschaft

*El resto de los trabajadores de la plantilla pueden hacer vacaciones el próximo mes.*

**la precariedad laboral** prekäre Beschäftigungsverhältnisse ≠ **la seguridad laboral**
*La precariedad laboral afecta a muchas familias en la actualidad.*

**el puesto de trabajo** Arbeitsplatz
*La empresa ha creado cincuenta nuevos puestos de trabajo.*

**el salario** Lohn; Gehalt = **el sueldo**
*Los trabajadores hicieron huelga por un salario digno.*

**la seguridad social** Sozialversicherung
*Todos los trabajadores tienen que estar registrados en la Seguridad Social.*

**el seguro de desempleo** Arbeitslosenversicherung
*Mi padre ha contratado un seguro de desempleo.*

**sindical** Gewerkschafts...
*El representante sindical hablará con los jefes de la empresa.*

**solicitar (un trabajo)** sich (auf eine Stelle) bewerben
*He solicitado un trabajo en Madrid.*

**la tasa de desempleo** Arbeitslosenquote
*La tasa de desempleo ha aumentado en el mes de septiembre.*

**la vida laboral** Arbeitsleben
*Muchos jóvenes inician su vida laboral con empleos precarios.*

## ? 10 *Completa las frases con las siguientes palabras de 'Mundo laboral'.*

**temporal • solicitar • experiencia • huelga • entrevista • empresarios • tasa • currículum • salario • precariedad**

1. Muchas personas han hecho __ __ __ __ __ __ durante dos semanas para pedir mejores condiciones en el trabajo.

2. Los ___ ___ ___ ___ ___ ___ ___ ___ ___ ___ ___ piensan que no es necesario contratar a más personas.

3. Tengo un contrato ___ ___ ___ ___ ___ ___ ___ ___ hasta el año que viene.

4. He enviado mi ___ ___ ___ ___ ___ ___ ___ ___ ___ ___ a varias empresas de mi ciudad. ¡A ver si tengo suerte!

5. Cuando hizo la ___ ___ ___ ___ ___ ___ ___ ___ ___ ___ de trabajo, Virginia estaba muy nerviosa.

6. La ___ ___ ___ ___ de desempleo ha aumentado en los últimos meses.

7. Miguel, ¿cuando vas a ___ ___ ___ ___ ___ ___ ___ ___ ___ un trabajo?

8. Sandra tiene un mejor ___ ___ ___ ___ ___ ___ ___ en su nuevo puesto de trabajo.

9. Aquí no es necesario tener ___ ___ ___ ___ ___ ___ ___ ___ ___ ___ ___ laboral.

10. Muchos españoles se encuentran en una situación de ___ ___ ___ ___ ___ ___ ___ ___ ___ ___ ___ laboral.

## GLOBALIZACIÓN

**el acuerdo comercial** Handelsabkommen

*Perú ha cerrado un acuerdo comercial con la Unión Europea.*

**la aduana** Zoll(amt) — **aduanero/-a**

*Para poder entrar al país hay que pasar por la aduana.*

**el comercio** Handel — **comerciar**

*Los países pequeños suelen tener comercios competitivos.*

**exportar a** exportieren; ausführen nach **la exportación**

*Venezuela exporta mucho petróleo a otros países.*

**la guerra comercial** Handelskrieg

*La guerra comercial es un peligro para la economía mundial.*

**la importación** Import; Wareneinfuhr

*La importación de teléfonos móviles en Argentina ha subido este año.*

**limitar** einschränken; begrenzen **el límite**

*Los países de la UE limitaron su producción industrial entre 1990 y 2005.*

**la materia prima** Rohstoff

*La principal materia prima de Ecuador es el petróleo.*

**la moneda única** einheitliche Währung

*Uno de los mayores logros de Europa es la moneda única, el euro.*

**negociar** (ver)handeln **la negociación**

*Los trabajadores han negociado una subida de sus salarios con la empresa.*

**la Organización Mundial del Comercio (OMC)** Welthandelsorganisation (WTO)

*La Organización Mundial del Comercio solicita simplificar los procedimientos aduaneros en las fronteras.*

**el país en vías de desarrollo** Entwicklungsland

*China ha dejado de ser un país en vías de desarrollo.*

**el país industrial** Industrieland

*Los países industriales son los responsables de la contaminación mundial.*

**el país miembro** Mitgliedsland/-staat

*Alemania fue uno de los primeros países miembros de la Unión Europea.*

**las relaciones comerciales** (Pl.) Handelsbeziehungen (Pl.)

*Las relaciones comerciales entre Cuba y Estados Unidos comenzaron en 2014.*

**el/la socio/-a comercial** Handelspartner/in

*Los socios comerciales más importantes de Paraguay son China y Rusia.*

**la tasa arancelaria** Zollgebühr

*El pescado tiene una tasa arancelaria del 20%.*

**el tipo de cambio** Wechselkurs

*El tipo de cambio es la relación entre el valor de una moneda y otra.*

**la trata de personas** Menschenhandel

*La trata de personas es un gran problema en África.*

**11** *Escribe la traducción al español de las siguientes palabras. Usa también el artículo adecuado (el/la/las) para los sustantivos.*

1. Wechselkurs ______
2. ausführen nach ______
3. Handelspartner ______
4. Welthandelsorganisation (WTO) ______
5. Wareneinfuhr ______
6. Handel ______
7. Rohstoff ______
8. Zollgebühr ______
9. Handelsbeziehungen ______
10. Handelsabkommen ______

## INMIGRACIÓN • EMIGRACIÓN

**adaptarse a** sich anpassen an — **la adaptación**

*Es muy difícil adaptarse a una nueva situación.*

**ahogarse** ertrinken

*Muchos emigrantes se ahogan en el Mediterráneo.*

**la amenaza** Bedrohung — **amenazar**

*Algunas personas piensan que los inmigrantes son una amenaza.*

**arriesgar** riskieren — **≠ asegurar**

*Muchos africanos arriesgan la vida para venir a Europa.*

**el carné (de identidad)** (Personal)ausweis

*Anoche perdí el carné de identidad.*

**las cifras de inmigración** (Pl.) Einwanderungszahlen (Pl.)

*Las cifras de inmigración en España no han aumentado mucho en los últimos años.*

**el control de frontera** Grenzüberwachung/-kontrolle

*En la Unión Europea no hay controles de frontera.*

**la crisis de identidad** Identitätskrise

*Los expertos opinan que Europa está viviendo una crisis de identidad.*

**cruzar** überqueren

*Cruzar la frontera en Melilla es muy peligroso.*

**desesperado/-a** verzweifelt; hoffnungslos — **la desesperación**

*Inmigrantes y refugiados viven una situación desesperada en Europa.*

**las diferencias culturales** (Pl.) kulturelle Unterschiede (Pl.)

*Aunque tenemos diferencias culturales, nos entedemos muy bien.*

**la embarcación** Boot; Schiff **embarcar**

*Las autoridades encontraron una embarcación con treinta inmigrantes.*

**la expulsión** Ausweisung; Abschiebung

*El partido propone la expulsión rápida de inmigrantes con delitos.*

**extrañar a alguien** jmdn. vermissen **= echar de menos**

*Karim extraña a sus abuelos.*

**el flujo de refugiados** Flüchtlingsstrom

*Lampedusa es un lugar con un gran flujo de refugiados.*

**la frontera** Grenze

*Las fronteras de Ceuta y de Melilla están vigiladas.*

**huir de** fliehen vor; flüchten aus/vor

*Los inmigrantes huyen de la pobreza y las guerras.*

**la mano de obra** Arbeitskraft

*Muchas personas trabajan como mano de obra barata en el campo.*

**la miseria** Not; Elend

*Algunas personas se van del campo a la ciudad porque huyen de la miseria.*

**la morriña** Heimweh

*Ella decía que echaba mucho de menos México y que tenía morriña.*

**la nacionalidad** Staatsbürgerschaft; Nationalität **nacional**

*Cosmin ha conseguido por fin la nacionalidad española.*

**la naturalización** Einbürgerung **= la nacionalización**

*El proceso de naturalización es muy difícil.*

**el naufragio** Schiffbruch

*Esta semana ha habido un nuevo naufragio de emigrantes en el Mediterráneo.*

**el país de origen** Herkunftsland

*El país de origen de Binata es Senegal.*

**la patria** Heimat

*Juan Carlos echa de menos su patria.*

**el permiso de residencia** Aufenthaltsgenehmigung

*Los inmigrantes sin trabajo no pueden conseguir el permiso de residencia.*

**el permiso de trabajo** Arbeitserlaubnis

*Para poder trabajar en España es necesario tener un permiso de trabajo.*

**el/la perseguido/-a político/-a** politisch Verfolgte/r

*José Mujica fue un perseguido político en los años setenta.*

**provenir de** stammen aus; kommen von

*La mayoría de inmigrantes en España provienen de Marruecos.*

**el/la refugiado/-a** Flüchtling; Geflüchtete/r

*Los refugiados venezolanos siguen llegando a Colombia desde 2014.*

**el refugio** Zuflucht

*Alisha encontró refugio en Cáceres, donde conoció a su marido.*

**regresar** zurückkehren **el regreso**

*Después de tantos años, la familia Ndongo no quiere regresar a Camerún.*

**rescatar** retten

*Treinta personas fueron rescatadas por el Open Arms.*

**el/la solicitante de asilo** Asylbewerber/in

*México ha bloqueado a 35 000 solicitantes de asilo.*

**el/la traficante de inmigrantes ilegales** Schleuser/in; Schlepper/in

*¿Es verdad que hay traficantes de inmigrantes ilegales en el Mediterráneo?*

**el trayecto** Strecke; Weg

*El trayecto en barco fue bastante duro.*

**la valla** (Grenz)zaun

*La mayoría de los emigrantes no llegan a territorio español por la valla de Melilla.*

**varado/-a** gestrandet

*Hay un barco varado en la playa.*

**12** *Usa las siguientes palabras de 'Inmigración • Emigración' para rellenar el texto.*

**regresar • permiso de residencia • las diferencias culturales • traficante de inmigrantes ilegales • morriña • arriesgó • nacionalidad • valla • miseria • trayecto • embarcación**

Binata es una de esas personas que lo 1. ______________ todo para huir de la 2. ______________ y venir a España. Binata es muy feliz aquí y, aunque hay veces que siente 3. ______________, no quiere 4. ______________ a Senegal. El 5. ______________ hacia las Canarias, donde vive ahora, no fue fácil. Primero tuvo que gastar mucho dinero de sus ahorros para poder pagar la 6. ______________ que un 7. ______________ había preparado para ir de Dakar hacia las islas Canarias. Cuando llegó tuvo que aceptar trabajos en los que no le pagaban mucho dinero porque no tenía 8. ______________ ni de trabajo. Después de estar unos meses en San Cristóbal de La Laguna se fue a trabajar a un restaurante en Santa Cruz de Tenerife. Allí conoció a Said, que había saltado la 9. ______________ de Melilla muchos años antes. Cuando se conocieron se entendieron muy bien a pesar de 10. ______________________, y al poco tiempo decidieron casarse.

Como Said tenía la 11. ______________________ española, todo empezó a ser más fácil para Binata, ya que ella también ha conseguido la naturalización y espera su primer hijo con Said.

## TURISMO

**la agencia de viajes** Reisebüro
*He organizado mis vacaciones a través de una agencia de viajes.*

**el albergue juvenil** Jugendherberge
*Es más barato dormir en un albergue juvenil.*

**el alojamiento** Unterkunft — **alojar(se)**
*El alojamiento me ha costado 34 euros por noche.*

**el alquiler de coches** Autovermietung
*Me gustaría informarme sobre su servicio de alquiler de coches.*

**las atracciones turísticas** (Pl.) Sehenswürdigkeiten (Pl.) — **= los monumentos**
*Las atracciones turísticas de esta ciudad son preciosas.*

**el/la aventurero/-a** Abenteurer/in — **la aventura**
*Mi prima, que es una aventurera, ha hecho el Camino de Santiago.*

**la cadena de hoteles** Hotelkette
*Esta cadena de hoteles va a abrir un nuevo hotel en Barcelona.*

**la compañía aérea** Fluggesellschaft
*La compañía aérea tiene problemas con sus aviones.*

**la contaminación** Verschmutzung **contaminar**

*Las zonas turísticas tienen también problemas de contaminación.*

**el destino** Reiseziel

*El destino preferido de los españoles es Menorca.*

**disfrutar de** genießen

*Es importante disfrutar del tiempo libre.*

**el/la guía turístico/-a** Fremdenführer/in

*Para ser guía turístico hay que saber mucho de historia.*

**el hotel de cinco estrellas** Fünf-Sterne-Hotel

*A Juana no le gustan los hoteles de cinco estrellas.*

**el impuesto turístico** Kurtaxe; Fremdenverkehrsabgabe

*Desde 2015 Mallorca cobra un impuesto turístico.*

**local** einheimisch; örtlich **= autóctono/-a**

*Las tiendas locales ganaron el año pasado mucho dinero gracias al turismo.*

**el/la mochilero/-a** Backpacker/in

*Viajar como mochilera no ha sido fácil, pero me ha encantado.*

**multar** mit einer Geldstrafe belegen

*Los pisos turísticos ilegales serán multados.*

**popular** beliebt

*Mallorca es el destino turístico más popular de los alemanes.*

**reservar** buchen

*He reservado un hotel de tres estrellas al lado de la costa.*

**el senderismo** Wandern

*A Eva le encantaba hacer senderismo y estar en contacto con la naturaleza.*

**la temporada** Saison

*De diciembre a marzo es temporada alta en Cuba.*

**el turismo de masas** Massentourismus

*Ibiza es un lugar con turismo de masas.*

**el turoperador** Reiseveranstalter

*La mayoría de la gente ya no organiza sus vacaciones con turoperadores.*

**veranear** den Sommerurlaub verbringen

*El año pasado mis padres y yo veraneamos en Málaga.*

**el/la viajero/-a** der/die Reisende

*Los viajeros están muy contentos con los monumentos que hay en nuestra ciudad.*

**la vivienda vacacional** Ferienwohnung

*Mis amigos y yo hemos alquilado una vivienda vacacional para dos semanas.*

## ? 13 *Usa las sílabas para formar palabras que completen las frases.*

**im • ber • tem • no • de • var • ra • des • ra • re • to • mo • ti • gues • ne • ar • da • pu • es • ris • po • al • ser • ve • sen**

1. La última vez que hicimos ___ ___ ___ ___ ___ ___ ___ ___ ___ ___ en Ruidera lo pasamos genial.
2. Para el verano que viene queremos ___ ___ ___ ___ ___ ___ ___ ___ una vivienda vacacional en la Costa Brava.
3. El ___ ___ ___ ___ ___ ___ ___ preferido de los españoles en 2019 fue Tenerife.
4. Algunas ciudades como Barcelona ya cobran un ___ ___ ___ ___ ___ ___ ___ ___ turístico.
5. Maribel duerme en ___ ___ ___ ___ ___ ___ ___ ___ ___ juveniles porque así conoce a mucha gente.
6. Alba evita viajar en ___ ___ ___ ___ ___ ___ ___ ___ ___ alta y así disfruta más de sus vacaciones.
7. Mis tíos no saben dónde ___ ___ ___ ___ ___ ___ ___ ___ este año.

# 3 POLÍTICA

## GOBIERNO • JUSTICIA • POLÍTICA

**el/la abogado/-a** (Rechts)anwalt/-wältin

*Mi abogada me ha prohibido hablar con la policía.*

**la absolución** Freispruch **absolver**

*El joven ha conseguido la absolución tras un largo proceso.*

**el/la acusado/-a** Angeklagte/r

*El acusado robó en un banco.*

**acusar** anklagen; beschuldigen

*Se le acusa de alterar el orden público.*

**el/la alcalde/sa** Bürgermeister/in

*Muchas personas confiaban en la alcaldesa de Barcelona para mejorar la ciudad.*

**aprobar una ley** ein Gesetz verabschieden

*El Gobierno aprobó una nueva ley de educación.*

**el atentado** Attentat **atentar**

*En los atentados de Cataluña de 2017 murieron 16 personas.*

**las autoridades** (Pl.) Ämter; Behörden

*Las autoridades españolas han tomado medidas para solucionar el problema.*

**el ayuntamiento** Stadtverwaltung; Rathaus

*El ayuntamiento de mi ciudad ha prohibido el uso de coches en el centro.*

**el bien común** Gemeinwohl

*Los partidos políticos PP y Ciudadanos dicen que trabajarán por el bien común.*

**la cárcel** Gefängnis **encarcelar**

*Algunos políticos catalanes siguen en la cárcel desde 2017.*

**la ciudadanía** die Bürger(schaft) **el/la ciudadano/-a**

*La ciudadanía votará el próximo mes de noviembre.*

**la coalición** Koalition

*El PSOE aceptó la oferta de coalición de Unidas Podemos.*

**el Código Penal** Strafgesetz(buch)

*El Código Penal español se ha modificado unas treinta veces.*

**cometer un delito** eine Straftat begehen

*Los jóvenes cometieron un supuesto delito de robo.*

**condenar** verurteilen

*Mario fue condenado a tres años de cárcel.*

**confesar algo** etw. gestehen **la confesión**

*La acusada confesó que no sabía nada.*

**el Congreso de los Diputados** Abgeordnetenhaus des spanischen Parlaments

*El partido político entró en el Congreso de los Diputados con un buen resultado.*

**la Constitución** Verfassung

*Algunos partidos políticos quieren cambiar la Constitución española.*

**las Cortes (Generales)** (Pl.) spanisches Parlament

*Las Cortes Generales están formadas por el Congreso de los Diputados y el Senado.*

**la cumbre** Gipfeltreffen

*La Cumbre Iberoamericana de 2020 se celebrará en Andorra.*

**cumplir una condena** eine Haftstrafe verbüßen

*Iñaki Urdangarin cumple su condena en una cárcel de Ávila.*

**la declaración** Aussage **declarar**

*Se tomó declaración a la acusada durante dos horas.*

**declararse culpable** sich schuldig bekennen

*Alberto se declaró culpable y fue condenado a diez años de cárcel.*

**defender** verteidigen

*El abogado ha defendido bastante bien al acusado.*

**la democracia** Demokratie ≠ **la dictadura**

*La democracia fue inventada en la Antigua Grecia.*

**el derecho de veto** Vetorecht

*España no tiene derecho de veto en la ONU.*

**los derechos humanos** (Pl.) Menschenrechte (Pl.)

*Las constituciones democráticas tienen que aceptar los derechos humanos.*

**derrocar** stürzen

*El rey fue derrocado por los republicanos.*

**designar** wählen; ernennen

*El rey aún no ha designado a un candidato para ser presidente del Gobierno.*

**destituir** absetzen; entlassen **la destitución**

*El presidente ha destituido al ministro.*

**la detención** Festnahme; Verhaftung **detener**

*La detención del acusado se hizo en el parque.*

**dictatorial** Diktatur…

*En 1974 el gobierno dictatorial de Franco tenía los días contados.*

**el/la diputado/-a** Abgeordnete/r

*Hay que cambiar el sistema para que haya el mismo número de diputados y de diputadas.*

**ejercer** ausüben

*Juan Guaidó aseguró que ejercerá sus funciones como presidente de Venezuela.*

**el ejército** Heer; Armee

*El Ejército mexicano tiene más de 180 000 miembros.*

**la embajada** Botschaft

*La embajada argentina se retiró de Nicaragua en diciembre de 2018.*

**el Estado** Staat

*El Estado invierte cada vez menos dinero en educación.*

**el/la fiscal** Staatsanwalt/-wältin

*La fiscal pide siete años de cárcel para el acusado.*

**la formación de Gobierno** Regierungsbildung

*El presidente tiene todavía dos semanas para realizar la formación de Gobierno.*

**las fuerzas armadas** (Pl.) Streitkräfte (Pl.)

*Cuando era pequeño, mi hermano quería trabajar en las fuerzas armadas.*

**el/la funcionario/-a** Beamte/-in

*Los funcionarios suelen tener buenas condiciones de trabajo.*

**gobernar** regieren **el gobierno**

*Rajoy gobernó España durante siete años.*

**el grupo de presión** Interessengruppe; Lobby

*Los principales grupos de presión españoles son las empresas energéticas.*

**la Guardia Civil** spanische Polizeieinheit

*Dos miembros de la Guardia Civil encontraron a un bebé y le salvaron la vida.*

**gubernamental** Regierungs...

*Los órganos gubernamentales publican las estadísticas oficiales.*

**imponer sanciones** Sanktionen verhängen

*La Unión Europea impuso sanciones a Venezuela.*

**el/la juez/a** Richter/in

*En los países democráticos los jueces son independientes.*

**el juicio** Gerichtsverfahren; Prozess

*El acusado está a la espera del juicio.*

**el juzgado** Gericht

*El juzgado le prohibió estar cerca de su hijo.*

**legislar** Gesetze erlassen

*Los Gobiernos deberían legislar mejor a favor de los intereses del medioambiente.*

**la ley** Gesetz

*La nueva ley se debatió durante varios meses en el Congreso de los Diputados.*

**la libertad de expresión** Meinungsäußerungsfreiheit

*La libertad de expresión es un derecho humano fundamental.*

**el/la mandatario/-a** Präsident/in **mandar**

*El mandatario recibió a las autoridades en el Palacio de la Moncloa.*

**la medida** Maßnahme

*El Gobierno aún no ha aplicado las medidas para proteger la capa de ozono.*

**el/la militar** Soldat/in

*La exmilitar Zaida Cantera participó en el último Gobierno del PSOE.*

**la moción de censura** Misstrauensvotum

*La moción de censura fue aprobada con los votos de la mayoría de los diputados.*

**la monarquía parlamentaria** parlamentarische Monarchie

*España tiene un sistema de monarquía parlamentaria.*

**el municipio** Gemeinde **municipal**

*En Argentina hay más de dos mil municipios.*

**oprimir** unterdrücken **oprimido/-a**

*La policía oprimió duramente las protestas de los universitarios.*

**la pena de muerte** Todesstrafe

*La pena de muerte es ilegal en la mayoría de los países del mundo.*

**el plebiscito** Volksentscheid

*El presidente organizará un plebiscito para saber qué opina la ciudadanía.*

**la población civil** Zivilbevölkerung

*La población civil necesitó mucha ayuda durante la guerra.*

**el poder** Macht **poderoso/-a**

*Durante el franquismo el Ejército tenía mucho poder.*

**el poder ejecutivo** Exekutive

*En España el poder ejecutivo lo tienen el presidente del Gobierno y sus ministros.*

**el poder judicial** Judikative

*En las democracias son los jueces quienes tienen el poder judicial.*

**el poder legislativo** Legislative

*El poder legislativo español lo tienen las Cortes Generales.*

**la política exterior** Außenpolitik

*El 'brexit' cambiará la política exterior española.*

**el/la presidente/-a (del Gobierno)** Ministerpräsident/in

*Los sindicatos se reunieron con el presidente del Gobierno.*

**prestar juramento** einen Eid ablegen

*Los diputados tienen la obligación de prestar juramento de acatar la Constitución.*

**probar la inocencia de alguien** jmds. Unschuld beweisen

*El abogado probó la inocencia de su cliente.*

**proclamar** verkünden **la proclamación**

*Perú proclamó su independencia de España en 1824.*

**promulgar** erlassen

*Ningún país debería promulgar leyes en contra de los derechos humanos.*

**el régimen** Regime

*El régimen dictatorial de Pinochet en Chile duró diecisiete años.*

**la república federal** Bundesrepublik

*México es una república federal.*

**la república popular** Volksrepublik

*Aunque el sistema chino es una república popular, el poder no lo tiene el pueblo.*

**la república presidencialista** Präsidialrepublik

*La mayoría de países latinoamericanos son repúblicas presidencialistas.*

**la república socialista** sozialistische Republik

*Venezuela es una república socialista desde el año 1999.*

**el Senado** Senat

*El Senado de España aprueba los proyectos de ley.*

**la sentencia** Urteil **sentenciar**

*La sentencia es definitiva, el acusado tendrá que pasar diez años en la cárcel.*

**la separación de poderes** Gewaltenteilung

*En los Estados democráticos existe la separación de poderes.*

**el/la sospechoso/-a** Verdächtige/r **sospechar**

*El sospechoso ha pasado la noche en el cuartel de la policía de Barcelona.*

**testificar** bezeugen

*Los declarantes testificaron en el juicio bajo presión.*

**la trama de corrupción** Korruptionsaffäre

*Casi todos los partidos políticos españoles están envueltos en tramas de corrupción.*

**el tratado** Vertrag

*El Tratado de Maastricht de 1992 fue firmado por doce países de la Unión Europea.*

**el Tribunal Supremo** oberster spanischer Gerichtshof

*El Tribunal Supremo confirma la condena de cincuenta años de cárcel para los narcotraficantes.*

## ? 14 *Une cada palabra con su traducción correcta.*

| | |
|---|---|
| 1. ein Gesetz verabschieden | a) Verfassung |
| 2. la absolución | b) Todesstrafe |
| 3. Stadtverwaltung; Rathaus | c) Interessengruppe; Lobby |
| 4. Menschenrechte | d) la libertad de expresión |
| 5. eine Straftat begehen | e) los derechos humanos |
| 6. el grupo de presión | f) la separación de poderes |
| 7. la Constitución | g) Urteil |
| 8. el/la diputado/-a | h) aprobar una ley |
| 9. Gewaltenteilung | i) la formación de Gobierno |
| 10. la sentencia | j) cometer un delito |
| 11. Regierungsbildung | k) Freispruch |
| 12. la pena de muerte | l) Korruptionsaffäre |
| 13. el/la juez/a | m) el ayuntamiento |

14. eine Haftstrafe verbüßen — n) cumplir una condena

15. Meinungsäußerungsfreiheit — ñ) Abgeordnete/r

16. la trama de corrupción — o) Richter/in

1. ____ 2. ____ 3. ____ 4. ____ 5. ____ 6. ____ 7. ____ 8. ____

9. ____ 10. ____ 11. ____ 12. ____ 13. ____ 14. ____ 15. ____ 16. ____

## PARTIDOS POLÍTICOS DE ESPAÑA • ELECCIONES

**la ascensión** Aufstieg — **= el ascenso**

*En los últimos años ha habido una ascensión de los partidos de extrema derecha en Europa.*

**la campaña electoral** Wahlkampf

*La campaña electoral para las próximas elecciones acaba de empezar.*

**el/la candidato/-a** Kandidat/in — **la candidatura**

*Los candidatos debatieron sus ideas en televisión.*

**Ciudadanos (- Partido de la Ciudadanía)** spanische Partei der Mitte

*Ciudadanos es un partido que dice ser de centro.*

**los comicios** (Pl.) Wahlen (Pl.)

*Un nuevo partido se presentó a los comicios de noviembre de 2019.*

**comunista** kommunistisch

*Los políticos comunistas españoles se refugiaron en otros países durante la dictadura.*

**conservador/a** konservativ

*Los políticos conservadores están en contra de la huelga feminista.*

**dar un discurso** eine Rede halten

*El candidato dio un discurso en la sede de su partido.*

**democristiano/-a** christdemokratisch

*En España no existen partidos democristianos como en Alemania o en Francia.*

**el derecho a voto** Wahlrecht

*Cualquier persona mayor de 18 años tiene derecho a voto.*

**dimitir** zurücktreten **la dimisión**

*El anterior presidente tuvo que dimitir por la corrupción de su partido.*

**las elecciones generales** (Pl.) Parlamentswahlen; Bundestagswahl (Deutschland)

*En las anteriores elecciones generales participó un 75% de las personas con derecho a voto.*

**las elecciones municipales y autonómicas** (Pl.) Kommunal- und Regionalwahlen

*Las elecciones municipales y autonómicas se celebraron el pasado mes de mayo.*

**las elecciones presidenciales** (Pl.) Präsidentschaftswahlen (Pl.)

*En las elecciones presidenciales de Colombia de 2018 ganó el presidente Iván Duque.*

**elegir** wählen

*Los ciudadanos elegirán a los futuros representantes del partido.*

**la encuesta** Umfrage

*Las encuestas dicen que el candidato Pedro Sánchez ganará las elecciones.*

**ERC (Esquerra Republicana de Catalunya)** katalanische linke Partei (für die Unabhängigkeit von Katalonien)

*Esquerra Republicana de Catalunya es un partido político que existe desde 1931.*

**el escaño** (Parlaments)sitz

*En el Congreso de los Diputados hay 350 escaños.*

**IU (Izquierda Unida)** spanische linksgerichtete Partei

*Varios partidos comunistas y socialistas españoles fundaron Izquierda Unida en 1986.*

**la mayoría absoluta** absolute Mehrheit ≠ **la mayoría simple**

*Muy pocos países europeos tienen gobiernos con mayoría absoluta.*

**el/la oponente** Gegner/in

*Ciudadanos y ERC son oponentes políticos.*

**el Palacio de la Moncloa** Sitz des spanischen Ministerpräsidenten

*En el Palacio de la Moncloa han vivido hasta ahora siete presidentes españoles.*

**la papeleta de votación** Wahlzettel; Stimmzettel

*Todos los partidos envían papeletas de votación a casa de los españoles.*

**el/la partidario/-a** Anhänger/in

*El nuevo Gobierno es partidario de dialogar con los partidos independentistas.*

**el PNV (Partido Nacionalista Vasco)** baskische nationalistische Partei

*El Partido Nacionalista Vasco fue creado por Sabino Arana en 1895.*

**el PP (Partido Popular)** spanische konservative Volkspartei

*El Partido Popular fue creado por Manuel Fraga en 1989.*

**el PSOE (Partido Socialista Obrero Español)**
spanische sozialistische Arbeiterpartei

*El PSOE fue creado en 1879 por Pablo Iglesias Posse.*

**el programa electoral** Parteiprogramm

*Casi nadie se lee el programa electoral de los partidos.*

**la propuesta de mejora** Verbesserungsvorschlag

*Los partidos políticos han hecho sus propuestas de mejora de la anterior ley.*

**ser fiel a alguien** jmdm. treu sein **la fidelidad**

*Muchos políticos no son fieles a sus votantes.*

**la ultraderecha** extreme Rechte

*La ascensión de la ultraderecha en Europa es un tema preocupante.*

**la urna electoral** Wahlurne

*Los partidarios del referéndum en Cataluña llevaron las urnas electorales a los colegios, pese a la prohibición.*

**el voto** Stimme **votar**

*El partido pidió el voto conservador para tener mayoría en el Congreso.*

**VOX** national-konservative, rechtspopulistische Partei Spaniens

*VOX fue creado en 2013 por miembros descontentos del Partido Popular.*

### ? 15 *Completa las frases con palabras de 'Partidos políticos de España • Elecciones'.*

1. Las ______________________ dicen que el PSOE va a ganar las próximas elecciones.
2. Para que un partido gobierne solo necesita tener ______________________ .
3. Muchos puntos importantes del ______________________ de su partido incluyen importantes medidas sociales.
4. El ______________________ de cada persona es secreto.
5. El ganador de las elecciones quiere dar un ______________________ delante de sus partidarios ahora mismo.

6. Durante las ______________________ electorales los políticos prometen mejoras para que los ciudadanos los voten.

7. En las últimas ______________________ el PSOE ganó muchos votos en los ayuntamientos y las comunidades autónomas.

8. Algunos partidos han hecho una ______________________ de la ley contra la violencia de género.

## COMUNIDADES AUTÓNOMAS

**el afán (de)** Streben (nach)
*Algunos políticos solo tienen afán de poder.*

**la autonomía** Autonomie **autonómico/-a**
*Las regiones españolas tienen autonomía en educación y en sanidad.*

**la bandera** Fahne; Flagge
*En Cataluña hay muchas banderas en los balcones desde hace unos años.*

**la característica** Merkmal; Eigenschaft
*Muchas regiones españolas tienen características propias.*

**el catalán** Katalanisch **catalán/-ana**
*El catalán no se habla solo en Cataluña.*

**la comunidad autónoma** spanische Autonome Gemeinschaft (etwa: Bundesland)
*Cada comunidad autónoma tiene sus propios días festivos.*

**el/la consejero/-a** Minister/in einer spanischen Autonomen Gemeinschaft
*La consejera de Educación quiere mejorar la calidad de los colegios madrileños.*

**convocar** einberufen
*El presidente autonómico convocó una reunión con los consejeros.*

**crecer bilingüe** zweisprachig aufwachsen
*Los niños vascos, catalanes y gallegos crecen bilingües.*

**la demanda** Forderung **demandar**
*Miles de jubilados han presentado demandas al Gobierno para que aumente las pensiones.*

**la descentralización** Dezentralisierung
*Algunos partidos políticos quieren la descentralización de España.*

**el enfrentamiento** Auseinandersetzung
*Siguen los enfrentamientos entre los partidarios de la independencia y los defensores de la unión con España.*

**equilibrar** ins Gleichgewicht bringen **el equilibrio**
*Tras las elecciones el Congreso se equilibró entre conservadores y progresistas.*

**Euskadi** Baskenland
*Euskadi es una comunidad autónoma del norte de España.*

**el gallego** Galicisch
*Junto con el castellano, el gallego es idioma oficial en Galicia.*

**la Generalitat de Catalunya** Regierung der Autonomen Gemeinschaft Katalonien
*La Generalitat de Catalunya quiere impulsar el cine en catalán.*

**el/la independentista** Unabhängigkeitsbefürworter/in
*Los independentistas catalanes protestaron a favor de un referéndum.*

**la lengua cooficial** kooffizielle Amtssprache
*El catalán, el gallego y el vasco son lenguas cooficiales en España.*

**la lengua materna** Muttersprache

*Mi lengua materna es el castellano.*

**la lengua minoritaria** Minderheitensprache

*Las lenguas minoritarias desaparecerán si no se fomenta su uso.*

**la lengua vehicular** Unterrichtssprache; Verkehrssprache

*El castellano y el gallego son lenguas vehiculares en Galicia.*

**la manifestación** Demonstration **manifestar(se)**

*Las últimas manifestaciones españolas han sido pacíficas.*

**el movimiento** Bewegung

*Hay muchos más movimientos sociales ahora que hace veinte años.*

**nacionalista** nationalistisch

*El movimiento nacionalista de Cataluña representa a dos millones de personas.*

**orgulloso/-a de** stolz auf **el orgullo**

*Muchos españoles están orgullosos de ser bilingües.*

**el Parlamento autonómico** Regionalparlament

*El Parlamento autonómico ha aprobado una nueva ley para fomentar la lectura.*

**el/la portavoz** Sprecher/in

*El portavoz del movimiento ha asegurado que las manifestaciones serán pacíficas.*

**la provincia** Provinz (etwa: Landkreis) **provincial**

*En Castilla y León hay nueve provincias.*

**reclamar** fordern **la reclamación**

*Los movimientos sociales reclaman más derechos para los trabajadores.*

**el referéndum** Referendum; Volksabstimmung

*En el referéndum de 1978 se votó a favor de la Constitución española.*

**separatista** separatistisch

*El grupo separatista vasco pidió perdón a los españoles.*

**la soberanía** Souveränität

*Idealmente, en democracia la soberanía tiene que ser del pueblo.*

**el vasco** Baskisch

*El vasco se habla en diferentes regiones del norte de España.*

**la Xunta de Galicia** Regierung der Autonomen Gemeinschaft Galicien

*La sede de la Xunta de Galicia está en Santiago de Compostela.*

? **16** *Resuelve el siguiente crucigrama con las palabras de 'Comunidades autónomas'.*

### Horizontal

1. Petición de una persona o un grupo de personas.
2. Cuando aprendes dos idiomas desde pequeño, creces…
3. Cuando un grupo de personas reclama o protesta por algo en la calle.
4. Deseo muy fuerte de algo.
5. Tela en forma rectangular que representa a un país, una comunidad autónoma, una ciudad o una institución.

### Vertical

6. Cuando una región es capaz de tomar decisiones por sí misma tiene…
7. Es la lengua cooficial de Cataluña.
8. Es una comunidad autónoma en el norte de España conocida en castellano como País Vasco.
9. Es la lengua cooficial de Galicia.
10. Procedimiento en el que la ciudadanía puede votar a favor o en contra de una nueva ley.

## CASA REAL DE ESPAÑA

**abdicar** abdanken — **la abdicación**

*El rey Juan Carlos I abdicó en junio de 2014.*

**la Casa Real** spanisches Königshaus

*La Casa Real ha felicitado a los deportistas españoles por su victoria.*

**la Corona** spanische Krone

*La Corona española financió el barco Victoria en el siglo XVI.*

**la dignidad** Würde — **digno/-a**

*La dignidad de las personas es uno de los derechos humanos fundamentales.*

**heredar** erben — **la herencia**

*La princesa Leonor heredará la Corona española después de Felipe VI.*

**la honestidad** Pflichtbewusstsein; Ehrlichkeit **honesto/-a**

*Todo presidente debería gobernar con honestidad.*

**el/la infante/-a** Infant/in (Titel der spanischen Monarchenkinder)

*La infanta Sofía y la princesa Leonor son hermanas.*

**el/la jefe/-a de Estado** Staatschef/in

*Felipe VI es el jefe de Estado en España.*

**el legado** Erbe **legar**

*El artista murió, pero dejó un gran legado.*

**moderador/a** schlichtend

*El presidente del Congreso tiene una función moderadora.*

**el Palacio Real** spanischer Königspalast in Madrid

*El Palacio Real está al lado de la plaza de Oriente.*

**el papel** Rolle

*El papel del rey en España es simbólico, moderador y mediador.*

**el/la primogénito/-a** Erstgeborene/r

*La princesa Leonor es la primogénita de los reyes de España.*

**la princesa heredera** Kronprinzessin

*La princesa heredera tiene cada vez más presencia pública.*

**el príncipe heredero** Kronprinz

*Felipe VI fue príncipe heredero de la Corona española hasta el 2014.*

**la reina** Königin

*La reina acude a muchos actos solidarios.*

**el reinado** Herrschaft **reinar**

*El reinado de Juan Carlos I comenzó tras la muerte de Francisco Franco.*

**la reverencia** Knicks; Verbeugung

*La reverencia al rey es un gesto de respeto.*

**el rey** König

*En la actualidad existen pocos reyes.*

**la servidumbre** Dienerschaft; Leibeigenschaft **servir**

*En el siglo XXI aún existe la servidumbre*

**solemne** feierlich

*La entrega de los Premios Princesa de Asturias fue una ceremonia muy solemne.*

**Su Majestad** Seine/Ihre Majestät

*Su Majestad pasará las vacaciones con su familia en Palma de Mallorca.*

**el/la sucesor/a al trono** Thronfolger/in

*El sucesor al trono de Alfonso XII fue su hijo Alfonso XIII.*

? **17** *Escribe la traducción al español de las siguientes palabras. Usa también el artículo adecuado (el/la/las) para los sustantivos.*

1. spanisches Königshaus ____________________
2. Dienerschaft; Leibeigenschaft ____________________
3. Rolle ____________________
4. Thronfolger ____________________
5. Pflichtbewusstsein; Ehrlichkeit ____________________
6. Kronprinzessin ____________________
7. Würde ____________________

8. feierlich ______________________

9. abdanken ______________________

10. Infantin ______________________

## 4 HISTORIA
## ROMANIZACIÓN

**antes de Cristo (a. C.)** vor Christus (v. Chr.)

*La conquista de Hispania finalizó en el año 19 a. C.*

**la Antigüedad clásica** Antike

*Séneca fue un gran pensador de la Antigüedad clásica.*

**la caída** Fall; Untergang ≠ **el ascenso**

*La caída del Imperio romano se produjo en el año 493.*

**la calzada romana** Römerstraße

*Los romanos construyeron varias calzadas romanas en Hispania.*

**el/la celta** Kelte/-in

*Los celtas predominaron en la zona noroccidental de la península ibérica.*

**el/la celtíbero/-a** Keltiberer/in

*Los celtíberos surgieron de la fusión de celtas e íberos.*

**conquistar** erobern; einnehmen **la conquista**

*Los romanos conquistaron los pueblos ya asentados de la península ibérica.*

**la década** Jahrzehnt

*El cristianismo surgió durante las primeras décadas de nuestra era.*

**después de Cristo (d. C.)** nach Christus (n. Chr.)

*La influencia romana fue desapareciendo a partir del siglo IV d. C.*

**destruir** zerstören **≠ construir**

*Los soldados destruyeron todas las casas.*

**el dominio** Herrschaft **dominar**

*El dominio de Roma se sostuvo hasta la invasión bárbara.*

**el/la emperador/-triz** Kaiser/in **el imperio**

*Adriano fue un emperador de origen hispano.*

**el/la fenicio/-a** Phönizier/in

*Los fenicios controlaron la zona más meridional de la península ibérica.*

**la fortaleza** Festung; Burganlage **fuerte**

*La fortaleza romana estaba hecha con piedras.*

**las grandes migraciones** (Pl.) Völkerwanderung

*Las grandes migraciones del siglo V en la península ibérica son conocidas como las 'invasiones bárbaras'.*

**el/la griego/-a** Grieche/-in

*Los griegos llegaron a conquistar el sur de Italia.*

**la guerra púnica** Punischer Krieg

*En las guerras púnicas Cartago y Roma pelearon por el control del Mediterráneo.*

**el/la íbero/-a** Iberer/in

*Los íberos habitaban la parte oriental de Hispania.*

**el Imperio romano** Römisches Reich

*El Imperio romano influyó mucho en la cultura europea.*

**el latín vulgar** Vulgärlatein; von den romanisierten Völkern gesprochenes Latein
*La gente común utilizaba el latín vulgar porque era más fácil.*

**llegar** ankommen
*Los romanos llegaron primero a Galia y luego a Hispania.*

**la península ibérica** Iberische Halbinsel
*La península ibérica fue conquistada en poco tiempo.*

**prestigioso/-a** angesehen
*Augusto fue un prestigioso emperador.*

**los pueblos prerromanos** (Pl.) vorrömische Völker (Pl.)
*Celtas e íberos fueron pueblos prerromanos.*

**la romanización** Romanisierung
*La romanización propagó las costumbres, las leyes y la lengua de Roma en Hispania.*

**los romanos** (Pl.) Römer (Pl.)
*Los romanos conquistaron parte de Europa y de Asia.*

**sangriento/-a** grausam; blutig **la sangre**
*En algunos lugares la conquista fue sangrienta.*

**el siglo** Jahrhundert
*En el siglo III a. C. los romanos desembarcaron en Hispania.*

**la subdivisión** Unterteilung
*Los romanos hicieron una subdivisión de Hispania en provincias.*

**el/la visigodo/-a** Westgote/-in
*Los visigodos se establecieron en la península ibérica en los inicios de la Edad Media.*

## 18 *Une cada palabra con su traducción.*

| | |
|---|---|
| 1. el íbero | a) la visigoda |
| 2. conquistar | b) la caída |
| 3. Westgotin | c) llegar |
| 4. la década | d) Festung; Burganlage |
| 5. Herrschaft | e) Iberer |
| 6. ankommen | f) angesehen |
| 7. Fall | g) el dominio |
| 8. la fortaleza | h) Völkerwanderung |
| 9. las grandes migraciones | i) erobern; einnehmen |
| 10. prestigioso/-a | j) Jahrzehnt |

1. ____ 2. ____ 3. ____ 4. ____ 5. ____

6. ____ 7. ____ 8. ____ 9. ____ 10. ____

## ESPAÑA ÁRABE • RECONQUISTA

**al-Ándalus** arabischer Name für die muslimisch beherrschten Teile (711–1492) der Iberischen Halbinsel
*Los musulmanes llamaron al-Ándalus a la península ibérica.*

**la alianza** Bündnis **aliarse con**
*La alianza entre castellanos y aragoneses fue importante para la conquista de la península ibérica.*

**andalusí** aus al-Andalus stammende
*En España hay muchos monumentos de la época andalusí.*

**el apogeo** Blütezeit; Höhepunkt
*El apogeo de la cultura musulmana en la península ibérica fue bajo el reinado de Abderramán III.*

**la astronomía** Astronomie
*Los musulmanes contribuyeron notablemente al desarrollo de la astronomía durante la Edad Media.*

**avanzar** vordringen ≠ **retroceder**
*La conquista de la Hispania visigoda avanzó rápidamente.*

**la batalla** Schlacht
*En la batalla de las Navas de Tolosa los musulmanes perdieron gran parte de su territorio en la península ibérica.*

**el califato** Kalifat **el califa**
*El califato de Córdoba gobernó en su época más esplendorosa toda al-Ándalus.*

**la ciencia** Wissenschaft **científico/-a**
*La ciencia y la astronomía eran pilares de la cultura musulmana en la Edad Media.*

**el conflicto interno** innere/r Konflikt/Zerrissenheit
*Hubo una serie de conflictos internos que dividieron el califato de Córdoba.*

**la cruzada** Kreuzzug
*Los cristianos europeos organizaron una cruzada para conquistar las tierras de los musulmanes.*

**derrotar** besiegen; schlagen ≠ **vencer**
*Los musulmanes derrotaron varias veces a los cristianos.*

**desterrar** verbannen
*El Cid fue desterrado del reino de Castilla.*

**la dinastía** Dynastie **dinástico/-a**

*La dinastía de los Trastámara reinó en Castilla durante varios años.*

**la disgregación** Zerlegung; Spaltung **disgregar**

*Los reinos de Taifas aparecieron por la disgregación del califato de Córdoba.*

**la Edad Media** Mittelalter

*La Iglesia fue muy poderosa durante la Edad Media.*

**el encuentro** Zusammentreffen

*Muchas personas prefieren llamar al descubrimiento de América el encuentro entre culturas.*

**el escudo** Wappen

*En muchas iglesias de Toledo se puede ver el escudo de los Reyes Católicos.*

**el esplendor** Pracht; Glanz

*Los visigodos terminaron con el esplendor de la época romana.*

**establecer** gründen; errichten **el establecimiento**

*Cuando Abderramán I llegó a al-Ándalus estableció el califato de Córdoba.*

**expulsar de** vertreiben aus **la expulsión**

*Tras la conquista de al-Ándalus, los reyes castellanos expulsaron a los judíos de la península ibérica.*

**la guerra religiosa** Religionskrieg

*Aunque parezca de la Edad Media, todavía hoy hay guerras religiosas en el mundo.*

**el/la hereje** Ketzer/in **la herejía**

*Quienes seguían siendo musulmanes o judíos en secreto eran considerados herejes.*

**la huella** Spur

*La cultura árabe ha dejado una huella muy grande en la cultura española.*

**la influencia lingüística** sprachlicher Einfluss

*El castellano tiene muchas influencias lingüísticas del árabe.*

**influyente** einflussreich

*La cultura árabe fue muy influyente en toda Europa durante la Edad Media.*

**la Inquisición** spanische Inquisition

*La Inquisición española se fundó en 1478.*

**invadir** einfallen; überfallen **la invasión**

*Los musulmanes invadieron rápidamente la península ibérica y el sur de Francia.*

**las matemáticas** (Pl.) Mathematik

*Los árabes fueron los responsables del uso de las matemáticas en Occidente.*

**la mezcla** Mischung **mezclar**

*En ciudades como Toledo se ve la mezcla de tres culturas.*

**el/la moro/-a** Maure/-in

*Los moros llegaron a la península ibérica desde el norte de África.*

**el/la mozárabe** Mozaraber/in; unter muslimischer Herrschaft lebende/r Christ/in

*Los mozárabes pagaban impuestos a los gobernantes musulmanes.*

**el/la mudéjar** Mudejar; unter christlicher Herrschaft lebende/r Muslim/a

*Los mudéjares pagaban impuestos a los gobernantes cristianos.*

**el/la muladí** unter arabischer Herrschaft zum Islam konvertierte/r Christ/in

*Los muladíes no pagaban impuestos a los gobernantes musulmanes porque eran cristianos convertidos al islam.*

**multicultural** multikulturell

*Antes de los Reyes Católicos predominaba la sociedad multicultural en la península ibérica.*

**pacífico/-a** friedlich
*'Los mártires de Córdoba' fue un movimiento de cristianos pacíficos que querían más libertad religiosa.*

**el patrimonio cultural** kulturelles Erbe
*Varios monumentos de al-Ándalus son patrimonio cultural.*

**la persecución de los judíos** Judenverfolgung
*La mayor persecución de los judíos tuvo lugar a finales de la Edad Media.*

**la Reconquista** Rückeroberung Spaniens aus der Maurenherrschaft (722–1492)
*La Reconquista fue un mito de los reyes cristianos para poder legitimar su poder en la península ibérica.*

**recuperar** zurückerobern; wieder aufleben lassen
*Los musulmanes recuperaron la filosofía griega.*

**resistir** standhalten; wehren **la resistencia**
*Solo el norte de España resistió la conquista andalusí.*

**los Reyes Católicos** (Pl.)
Katholische Könige (Isabel I de Castilla und Fernando II de Aragón)
*Los Reyes Católicos fueron Isabel I y Fernando II.*

**los sefardíes** (Pl.) Sepharden; spanische Juden (Pl.)
*Los sefardíes viven todavía hoy en algunas regiones de Oriente Próximo.*

**las taifas** (Pl.) muslimische Teilkönigreiche der Iberischen Halbinsel
*Las taifas eran reinos andalusíes que luchaban a veces unos contra otros.*

**el territorio** Gebiet
*El territorio visigodo fue conquistado rápidamente por los musulmanes.*

**la unidad** Einheit
*La unidad cristiana era muy importante para los Reyes Católicos.*

el valor Mut **valiente**

*Los soldados peleaban con mucho valor.*

la victoria Sieg **≠ la derrota**

*La última victoria cristiana llegó tras más de 700 años después de la entrada musulmana en la península ibérica.*

**19** *Usa las sílabas para formar palabras que completen las frases.*

flu • ba • te • cia • to • far • geo • nas • lla • di • a • yen • cien • se • dí • in • po • tí • ta • rio • te • es • as • rri

1. Los musulmanes conquistaron el ___ ___ ___ ___ ___ ___ ___ ___ ___ ___ de los visigodos en el 714.
2. Córdoba vivió su ___ ___ ___ ___ ___ ___ durante el califato de Occidente en el siglo X.
3. El idioma árabe fue muy ___ ___ ___ ___ ___ ___ ___ ___ ___ ___ en el castellano.
4. Durante la Edad Media varias ___ ___ ___ ___ ___ ___ ___ ___ ___ reinaron Castilla.
5. Los ___ ___ ___ ___ ___ ___ ___ ___ ___ fueron expulsados de la península ibérica en 1492.
6. La ___ ___ ___ ___ ___ ___ ___ de Toledo en 1085 fue muy importante para los cristianos.
7. Los musulmanes contribuyeron al desarrollo de la ___ ___ ___ ___ ___ ___ ___ en la Europa medieval.

## CONQUISTA DEL NUEVO MUNDO

**el arma** (fem.) Waffe **armar**

*Las armas de los aztecas eran diferentes a las de los españoles.*

**los aztecas** (Pl.) Azteken (Pl.)

*Los aztecas se ubicaron principalmente en territorio mexicano.*

**bélico/-a** kriegerisch **≠ pacífico/-a**

*Durante la Edad Media hubo varios conflictos bélicos.*

**la ceremonia** Zeremonie

*Los aztecas celebraban ceremonias de culto a los astros.*

**la colonización** Kolonisation

*La colonización duró varios siglos.*

**el/la conquistador/a** Eroberer/-in **conquistar**

*Hubo conquistadores de todas partes del mundo en América.*

**el continente** Kontinent **continental**

*América era un continente desconocido en Europa.*

**cristianizar** christianisieren

*Los españoles cristianizaron América Latina.*

**descubrir** entdecken **el descubrimiento**

*Cuando se creyó haber llegado a la India, en realidad se descubrió un nuevo continente.*

**desembarcar** landen

*Colón desembarcó en el Nuevo Mundo el 12 de octubre de 1492.*

**la destrucción** Zerstörung

*La destrucción de las civilizaciones indígenas llega a nuestros días.*

**la Edad Moderna** Neuzeit

*El inicio de la Edad Moderna se suele establecer a partir del descubrimiento de América.*

**la epidemia** Epidemie

*Los americanos sufrieron epidemias transmitidas por los europeos.*

**el/la esclavo/-a** Sklave/-in

*Aunque vender esclavos estaba prohibido, no estaba prohibido tenerlos.*

**la expansión** Ausbreitung **= el crecimiento**

*La expansión del Imperio español tuvo lugar durante varios siglos.*

**explorar** erforschen **la exploración**

*Muchos españoles y portugueses exploraron el mundo con sus barcos.*

**explotar** ausbeuten **la explotación**

*Muchos indígenas fueron explotados durante la conquista.*

**expropiar** enteignen

*Los españoles expropiaron todo lo que tenían los indígenas.*

**la flota** Flotte

*La flota española tardó varios meses en llegar a América.*

**el/la gobernador/a** Gouverneur/in

*Los gobernadores de las ciudades en América eran representantes de la monarquía española.*

**el/la guerrero/-a** Krieger/in **= el/la soldado/-a**

*Los guerreros aztecas fueron engañados por Hernán Cortés.*

**el hallazgo** Fund; Entdeckung **hallar**

*El hallazgo de algunos yacimientos arqueológicos nos da pruebas de cómo vivían los americanos.*

**los incas** (Pl.) Inkas (Pl.) **incaico/-a**

*Los incas fueron un pueblo que se situaba mayormente en Perú.*

**el/la indígena** Indio/frau; Ureinwohner/in **= el/la nativo/-a**

*Muchos indígenas murieron por las condiciones del trabajo y las enfermedades.*

**el/la intérprete** Dolmetscher/in

*Hernán Cortés se sirvió de intérpretes para poder hablar con los aztecas.*

**los mayas** (Pl.) Mayas (Pl.)

*Los mayas eran un pueblo que habitaba tierras de Mesoamérica.*

**el/la misionero/-a** Missionar/in

*El misionero que más se preocupó por los indígenas fue Bartolomé de las Casas.*

**el náhuatl** Sprache der Azteken

*El náhuatl es la lengua indígena con más hablantes de México.*

**la nave** Schiff

*Las naves de Colón se llamaban La Pinta, La Niña y La Santa María.*

**el Nuevo Mundo** Neue Welt

*Una vez llegados al Nuevo Mundo, los españoles comenzaron a cobrar impuestos a los indígenas.*

**obligar a** zwingen zu **la obligación**

*En todas las conquistas se obliga a los perdedores a hacer cosas que no quieren.*

**el oro** Gold

*La explotación de oro fue muy importante durante la conquista de América del Sur.*

**la potencia mundial** Weltmacht

*España y Portugal, que eran las potencias mundiales, se repartieron gran parte del continente americano.*

**el rifle** Gewehr

*Los conquistadores llevaban rifles para atacar a los indígenas.*

**el sacrificio humano** Menschenopfer

*Los indígenas ofrecían sacrificios humanos a sus dioses.*

**saquear** plündern

*Los españoles saquearon mucho oro de los indígenas americanos para traerlo a Europa.*

**el Siglo de Oro** Goldenes Zeitalter

*Durante el Siglo de Oro hubo grandes artistas en España.*

**someter** unterwerfen

*Los conquistadores sometieron a los indígenas americanos.*

**el/la súbdito/-a** Untertan/in **= el/la vasallo/-a**

*Cristóbal Colón fue súbdito de los Reyes Católicos.*

**el templo** Tempel

*Se destruyeron los templos y otros edificios de las culturas indígenas.*

**traicionar** verraten; betrügen

*Hernán Cortés traicionó a Moctezuma II.*

**la tribu** Stamm

*Muchas tribus americanas desaparecieron con el tiempo.*

**la tripulación** Besatzung; Schiffsmannschaft

*Tras dos meses en el mar sin encontrar tierra, la tripulación de Colón empezó a desconfiar de él.*

**violento/-a** gewaltsam **la violencia**

*Los violentos conquistadores mataron a muchas personas.*

**20** *Usa las siguientes palabras de 'Conquista del Nuevo Mundo' para rellenar el texto.*

**indígenas • Nuevo Mundo • colonización • explorar • súbditos • oro • explotar • cristianizar • desembarcó • intérpretes**

Cuando Cristóbal Colón 1. ______________________ en América buscaba 2. ______________________ en Asia, que era donde pensaba que estaba. Al principio no tenía 3. ______________________ para poder comunicarse con la gente que vivía allí. Aún así, Colón pensó que los 4. ______________________ se podían 5. ______________________ muy fácilmente, porque eran bastante tranquilos y creía que no tenían otras religiones. Por eso, pasaron a ser 6. ______________________ del reino de Castilla. Después de este primer viaje, los castellanos hicieron muchos más para 7. ______________________ el continente y, así, poder 8. ______________________ sus riquezas.

Cuando Cristóbal Colón murió no sabía que, en realidad, había encontrado un continente desconocido: era el 9. ______________________ .

La 10. ______________________ de América bajo la Corona de Castilla duró otros cuatro siglos hasta que las colonias empezaron a independizarse de España a principios del siglo XIX.

## GUERRA CIVIL • FRANQUISMO • TRANSICIÓN

**adoptar medidas rigurosas** hart durchgreifen; rigorose Maßnahmen ergreifen
*Antes de la Guerra Civil, la II República adoptó medidas rigurosas para separar Iglesia y Estado.*

**el aislamiento** Isolation **aislar**
*El aislamiento internacional marcó los primeros años del régimen de Franco.*

**aliado/-a** alliiert
*Adolf Hitler y Benito Mussolini fueron aliados de Franco.*

**el asesinato** Mord **asesinar**
*El asesinato de Federico García Lorca en 1936 fue por motivos políticos e ideológicos.*

**la atrocidad** Gräueltat **atroz**
*Los dos bandos sufrieron las atrocidades de la guerra.*

**la autarquía** Autarkie
*La autarquía es un sistema que lleva al aislamiento internacional.*

**el bando** Seite
*El bando republicano y el bando nacional se enfrentaron en la guerra civil española.*

**caer en el olvido** in Vergessenheit geraten
*Los muertos de la guerra cayeron en el olvido.*

**el caudillo** (An)führer; Beiname des Diktators Francisco Franco
*Después de morir Franco, algunos querían que hubiera un nuevo caudillo.*

**el cementerio** Friedhof
*En el cementerio de Granada fusilaron a casi 4 000 personas entre 1936 y 1956.*

**la censura** Zensur **≠ la libertad de expresión**
*Muchos artistas no pudieron trabajar en España por la censura que impuso Franco.*

**combatir** kämpfen gegen; angreifen

*La II República combatió al ejército de Francisco Franco durante tres años.*

**cruel** grausam; brutal

*La dictadura de Franco fue cruel porque fueron asesinadas muchas personas después de la guerra.*

**la depuración** Reinigung; Säuberung

*Cuando Franco llegó al poder se llevó a cabo una depuración de profesores y de políticos.*

**el/la desaparecido/-a** Verschwundene/r **desaparecer**

*Se calcula que durante el franquismo hubo 140 000 desaparecidos.*

**disparar a** schießen auf **el disparo**

*El ejército disparó a las personas que se encontraban en la calle.*

**las dos Españas** (Pl.) das Gespaltensein Spaniens in zwei politische Lager

*Tras el golpe de Estado comenzaron a existir las dos Españas: la republicana y la nacionalista.*

**ejecutar** hinrichten

*Francisco Franco ejecutó a cinco personas en 1975.*

**la eliminación** Beseitigung **eliminar**

*La eliminación de otros partidos políticos fue uno de los puntos claves de la política de Franco.*

**el/la enemigo/-a** Feind/in **≠ el/la aliado/-a**

*El Movimiento Nacional llamó a los partidos progresistas "enemigos de España".*

**enterrar** beerdigen **el entierro**

*Muchas familias de combatientes muertos en guerra no saben todavía dónde fueron enterrados.*

**escapar de** flüchten vor; fliehen aus; entkommen

*Muchas personas tuvieron que escapar de España después de la guerra.*

**la escasez** Mangel; Knappheit **escaso/-a**

*Después de la guerra hubo gran escasez de comida.*

**el escenario** Schauplatz

*El escenario español de la posguerra era muy triste.*

**estallar** (Krieg) ausbrechen

*El 18 de julio de 1936 estalló la guerra civil española.*

**la ETA (Euskadi Ta Askatasuna)** Baskisch für Baskenland und Freiheit; baskische Terrororganisation

*ETA se creó originariamente para luchar contra el franquismo.*

**el/la etarra** Mitglied der ETA

*Los primeros etarras querían acabar con Franco y su estructura de poder.*

**la Falange Española (FE)** Falange; nationalistisch-faschistische Staatspartei während des Franquismus

*La Falange Española fue fundada por José Antonio Primo de Rivera en el año 1933.*

**el/la falangista** Falangist/in; Anhänger/in der Falange

*Con Franco, los falangistas adquirieron gran relevancia durante la guerra.*

**el final de la guerra** Kriegsende

*El 1 de abril de 1939 se anunció el final de la guerra.*

**la fosa común** Massengrab

*Se calcula que en España hay unas 137 000 personas enterradas en fosas comunes.*

**fracasar** scheitern **≠ triunfar**

*Emilio Mola y Franco fracasaron en su primer intento de conquistar Madrid.*

**el franquismo** Franquismus; Franco-Ära
*El franquismo comenzó al final de la guerra, en 1939.*

**el frente** Front
*Los soldados estaban poco motivados en el frente.*

**fusilar** erschießen; hinrichten **el fusilamiento**
*En Zaragoza fueron fusiladas más de 3 000 personas.*

**el golpe de Estado** Staatsstreich; Putsch
*Una parte del ejército español estaba descontenta con el Gobierno republicano y dio un golpe de Estado.*

**la guerra civil española** Spanischer Bürgerkrieg
*La guerra civil española sucedió entre 1936 y 1939.*

**la hambruna** Hungersnot **el hambre**
*Después de la Guerra Civil hubo hambrunas durante años.*

**la herida** Wunde **herir**
*Muchas personas tenían heridas tras la batalla de Madrid.*

**innumerable** unzählig
*Una cantidad innumerable de personas estaban en contra del fusilamiento de Julián Grimau.*

**insoportable** unerträglich
*Los tres años de guerra fueron insoportables para la población española.*

**la Ley de la Memoria Histórica** spanisches Gesetz zur Bewältigung und Erinnerung der historischen Vergangenheit
*Con la Ley de la Memoria Histórica se empezaron a quitar estatuas de Franco de las calles de España.*

**liberar** befreien
*Francisco Franco quería liberar a España del comunismo.*

**luchar** kämpfen

*Tras la guerra, las guerrillas lucharon contra el franquismo.*

**el/la muerto/-a** Tote/r

*En la Guerra Civil se calcula que hubo unos 500 000 muertos.*

**la nobleza** Adel

*El caudillo creó una nobleza franquista para elogiar a sus militares más cercanos.*

**ocultar de** verbergen/verschweigen vor

*Federico García Lorca se ocultó de las tropas franquistas durante un mes.*

**el/la pariente** Angehörige/r

*Los parientes de los enterrados en fosas comunes quieren recuperar a sus familiares.*

**partir al exilio** ins Exil gehen

*Muchos políticos republicanos partieron al exilio, sobre todo a México.*

**la paz** Friede ≠ **la guerra**

*La paz no llegó a ser completa en ningún momento.*

**la pobreza** Armut ≠ **la riqueza**

*La pobreza fue generalizada durante la posguerra.*

**la posguerra** Nachkriegszeit

*Mi abuelo nació en los años de posguerra.*

**preocuparse por** sich Sorgen machen um

*Los familiares de los exiliados se preocuparon por su suerte.*

**el racionamiento** Rationierung

*Después de la guerra hubo racionamiento de comida.*

**la represión** Unterdrückung

*La represión franquista duró hasta el año 1975, cuando Francisco Franco murió.*

**el/la republicano/-a** Republikaner/in

*Los republicanos combatieron al ejército de Francisco Franco durante tres años.*

**salvar** retten **la salvación**

*Para Franco, la guerra salvó a España del comunismo y el socialismo.*

**secuestrar** entführen **el secuestro**

*Durante el franquismo muchos niños fueron secuestrados.*

**la Segunda Guerra Mundial** Zweiter Weltkrieg

*España no participó en la Segunda Guerra Mundial.*

**el silencio** Schweigen

*Muchas personas piensan que el franquismo fue un tiempo de silencio.*

**sin escrúpulos** skrupellos

*Los republicanos fueron reprimidos sin escrúpulos.*

**sufrir** (er)leiden

*Todos los españoles sufrieron las consecuencias de la Guerra Civil.*

**tener esperanza** Hoffnung haben

*Algunas personas aún tenían esperanza en 1939 de que la II República ganara la guerra.*

**el/la teniente coronel** Oberstleutnant/in

*El teniente coronel Antonio Tejero protagonizó el intento fallido de golpe de Estado en España el 23 de febrero de 1981.*

**el/la terrateniente** Großgrundbesitzer/in

*Los terratenientes estaban a favor de Franco porque defendía sus intereses.*

**torturar** foltern **la tortura**

*En 1975 todavía la policía torturaba a algunos presos.*

**el/la trabajador/a migrante** Gastarbeiter/in

*Muchos españoles fueron trabajadores migrantes en Alemania.*

**los trabajos forzados** (Pl.) Zwangsarbeit

*Muchos presos tuvieron que realizar trabajos forzados.*

**la Transición española** Übergang der Diktatur zur Demokratie in Spanien

*La Transición española fue un proceso por el que se pasó de la dictadura a la democracia.*

**el trauma** Trauma

*Hay psicólogos que afirman que aún hoy pervive el trauma de la guerra en la sociedad española.*

**triunfar** triumphieren

*El ejército franquista triunfó y comenzó una larga dictadura de 40 años.*

**las tropas** (Pl.) Truppen (Pl.)

*Las tropas republicanas defendieron ciudades importantes como Madrid, Valencia y Barcelona.*

**el uniforme** Uniform

*Mi abuelo guardó su uniforme cuando terminó la guerra.*

**el Valle de los Caídos** Tal der Gefallenen; Gedenkstätte in der Sierra de Guadarrama

*El Valle de los Caídos se construyó después del final de la guerra a lo largo de casi veinte años.*

**la víctima** Opfer

*Muchos familiares de las víctimas de la guerra siguen buscando a sus parientes.*

**21** *Escribe la traducción al español de las siguientes palabras. Usa también el artículo (el/la) para los sustantivos.*

1. Mitglied der ETA ______________________
2. Friede ______________________
3. Großgrundbesitzer/in ______________________
4. Opfer ______________________
5. schießen auf ______________________
6. Adel ______________________
7. skrupellos ______________________
8. Hungersnot ______________________
9. scheitern ______________________
10. Feind/in ______________________
11. Putsch ______________________
12. Front ______________________
13. Nachkriegszeit ______________________
14. Tal der Gefallenen ______________________
15. ins Exil gehen ______________________

# 5 GEOGRAFÍA Y MEDIOAMBIENTE
## NATURALEZA • ESPACIO URBANO

**el acantilado** Steilküste; Klippe

*El amanecer en el acantilado fue precioso.*

**la acera** Gehweg; Bürgersteig

*De pequeño, mi madre siempre me decía que tenía que ir por la acera.*

**el aeropuerto** Flughafen

*El aeropuerto de El Prat es el más grande de Cataluña.*

**la aglomeración urbana** Ballungsraum/-gebiet

*Berlín es una aglomeración urbana con más de 3,7 millones de habitantes.*

**los alrededores** (Pl.) Umgebung

*En los alrededores de las ciudades hay lugares donde podemos pasear tranquilos.*

**la altitud** Höhe(nlage)

*Las ciudades chilenas se encuentran a gran altitud.*

**ancho/-a** breit ≠ **estrecho/-a**

*Me gusta pasear por calles anchas y con muchos árboles.*

**el archipiélago** Archipel; Inselgruppe

*Durante esta semana lloverá en el archipiélago canario.*

**el área urbana** (fem.) Stadtgebiet

*En España se considera área urbana a las poblaciones con más de 10 000 habitantes.*

**la arena** Sand

*Me encanta sentir la arena de la playa en mis pies.*

**árido/-a** trocken; dürr ≠ **húmedo/-a**

*En algunos lugares de España como Almería hay un clima árido.*

**el atasco** (Verkehrs)stau

*Como no me gustan los atascos, voy siempre en bus al trabajo.*

**austral** südlich

*El hombre moderno tiene su origen en el África austral hace 200 000 años.*

**la autopista** Autobahn

*Las principales autopistas de Argentina se construyeron entre 1970 y 1980.*

**el AVE (Alta Velocidad Española)**

spanischer Hochgeschwindigkeitszug; etwa: ICE

*Sisinio viene a la universidad todos los días en el AVE desde Madrid.*

**el barrio** (Stadt)viertel

*La alcaldesa de Barcelona quiere mejorar la vida en los barrios pobres.*

**el billete** Fahrschein/-karte

*Javier va en coche al trabajo porque el billete de tren es muy caro.*

**boreal** boreal; nördlich

*En las regiones boreales del planeta hace un clima bastante frío.*

**el bosque** Wald

*A Armando le encanta pasear por los bosques de Alemania.*

**el cabo** Kap

*Uno de los lugares más bonitos que he visto es el cabo de Gata.*

**el campo** Land ≠ **la ciudad**

*Fátima ha salido con su bicicleta por el campo.*

**el cañón** Schlucht

*José Antonio visitó el año pasado el Gran Cañón del Colorado.*

**la capital** Hauptstadt

*Lima, la capital de Perú, ofrece muchas posibilidades como destino turístico.*

**la cascada** Wasserfall

*Las cataratas del Iguazú son un grupo de cascadas sobre el río Iguazú en Argentina.*

**el cauce** Flussbett

*Un sinfín de paisajes circundan el cauce del río Tajo.*

**el centro comercial** Einkaufszentrum

*Todos mis amigos van los fines de semana al centro comercial.*

**la cima** Gipfel

*Cuando María y Federico llegaron a la cima del Teide hicieron unas fotos.*

**la colina** Hügel

*El general Asdrúbal el Bello fundó Cartagena sobre cinco colinas en el año 227 a.C.*

**las condiciones de vida** (Pl.) Lebensbedingungen (Pl.)

*Muchas personas se van del campo a la ciudad en busca de mejores condiciones de vida.*

**la cordillera** Gebirgskette

*La cordillera de los Andes ocupa casi toda América del Sur.*

**la costa** Küste

*Pasaremos las vacaciones en la Costa del Sol.*

**demográfico/-a** Bevölkerungs...; demografisch **la demografía**

*En España ha habido un notable crecimiento demográfico en los últimos años.*

**la densidad de población** Bevölkerungsdichte

*La densidad de población en Bolivia es muy baja, se calcula que hay menos de diez habitantes por km².*

**desembocar** münden; enden

*El río Ebro desemboca en el mar Mediterráneo.*

**el desierto** Wüste **desértico/-a**

*En la región de Almería se encuentra el desierto de Tabernas.*

**el ecuador** Äquator

*Bolivia está más al sur del ecuador que Perú.*

**el edificio** Gebäude

*En las ciudades suele haber edificios altos.*

**el esmog** Smog

*Uno de los mayores problemas de Ciudad de México es la capa de esmog que hay sobre la ciudad.*

**estar situado/-a en** sich befinden; liegen in

*Castilla-La Mancha es una región que está situada en el centro de España.*

**el este** Osten

*En el este de España se encuentra Valencia.*

**el estrecho** Meerenge

*El estrecho de Magallanes está situado en el sur de Chile.*

**el éxodo rural** Landflucht

*Cuando los jóvenes de un país emigran del campo a las ciudades se produce un éxodo rural.*

**el ferrocarril** Eisenbahn

*El primer ferrocarril de Colombia se construyó a mediados del siglo XIX.*

**el glaciar** Gletscher

*Los glaciares de la cordillera de los Andes abastecen de agua a muchas personas.*

**el hemisferio** Erdhalbkugel

*Jaime quiere que las personas de los dos hemisferios puedan vivir tranquilas.*

**la hora punta** Hauptverkehrszeit; Rushhour

*A las seis de la tarde en Madrid es hora punta.*

**inestable** wechselhaft; unbeständig **≠ estable**

*El tiempo está siendo muy inestable en los últimos días.*

**la infraestructura** Infrastruktur

*Gracias a la Unión Europea se construyeron en España muchas infraestructuras.*

**el lago** See

*El lago Titicaca se encuentra entre Perú y Bolivia.*

**largo/-a** lang

*El Tajo mide 1007 kilómetros de largo.*

**la latitud** Breitengrad

*La latitud es la distancia de un lugar con respecto al ecuador.*

**limitar con** grenzen an **el límite**

*Guatemala limita con cuatro países: México, Belice, Honduras y El Salvador.*

**llano/-a** flach **la llanura**

*La Mancha es un territorio predominantemente llano; sus montañas son de escasa altura.*

**la marea** Ebbe und Flut; Gezeiten

*Con la marea baja, podremos ir hasta la isla andando.*

**mediterráneo/-a** mediterran; Mittelmeer…

*Dicen que el estilo de vida mediterráneo es uno de los más sanos en el mundo.*

**el metro** U-Bahn; Metro

*En Madrid es práctico ir en metro a todas partes.*

**montañoso/-a** bergig; gebirgig **la montaña**

*La cabra montés vive en lugares montañosos.*

**nacer en** entspringen in

*El Guadalquivir nace en la sierra de Cazorla.*

**el norte** Norden

*Al norte de Nicaragua se sitúa Honduras.*

**la obra** Baustelle

*Me molesta mucho cuando hay obras en las calles.*

**occidental** westlich

*El Sáhara Occidental fue una colonia española hasta 1975.*

**el oeste** Westen

*Al oeste de México se encuentra el océano Pacífico.*

**la ola** Welle

*Para poder surfear bien se necesitan olas altas.*

**oriental** östlich

*Alicia tiene gran interés por la cultura oriental.*

**el paisaje** Landschaft

*El paisaje de Latinoamérica es de una inmensa riqueza.*

**pantanoso/-a** sumpfig; Sumpf…

*La caléndula acuática es una planta que solo crece en lugares pantanosos.*

**peatón/-ona** Fußgänger/in **peatonal**

*La calle donde estamos es solo accesible para peatones.*

**el pico** Spitze; Gipfel

*El Teide tiene el pico más alto de España, con más de 3 700 metros de altitud.*

**los Pirineos** (Pl.) Pyrenäen (Pl.)

*Los Pirineos se encuentran entre Francia y España.*

**el puerto** Hafen

*El puerto más importante de España es el de Valencia.*

**los puntos cardinales** (Pl.) Himmelsrichtungen (Pl.)

*Ana y Julia han viajado por los cuatro puntos cardinales.*

**el rascacielos** Wolkenkratzer; Hochhaus

*La Torre Reforma, con 246 metros, es el rascacielos más alto de Ciudad de México.*

**la Renfe (Red Nacional de Ferrocarriles Españoles)**

spanisches Eisenbahnunternehmen

*La Renfe se fundó en el año 1941.*

**el río** Fluss

*El Orinoco es uno de los ríos más importantes de Venezuela.*

**rural** ländlich ≠ **urbano/-a**

*Los espacios rurales son muy importantes para la economía de los países.*

**la selva** Dschungel; Urwald

*Vivir en la selva tiene que ser peligroso.*

**el ser humano** Mensch

*El ser humano tiene que cuidar del planeta.*

**la sierra** Gebirgskette

*Mi madre es de un pequeño pueblo de la sierra de Albarracín.*

**sobre/bajo el nivel del mar** über/unter dem Meeresspiegel

*Bogotá se encuentra a 2 630 metros sobre el nivel del mar.*

**superficial** oberflächlich

*La capa más superficial de la Tierra se llama 'corteza terrestre'.*

**superpoblado/-a** überbevölkert ≠ **despoblado/-a**

*En las ciudades superpobladas hay problemas de abastecimiento de agua.*

**el sur** Süden

*Soy de Toledo, una ciudad al sur de Madrid.*

**la tasa de natalidad** Geburtenrate

*En la actualidad, la tasa de natalidad mundial supera la de mortalidad.*

**el terremoto** Erdbeben

*El terremoto de 1985 en Ciudad de México tuvo una intensidad de 8,1 grados en la escala de Richter.*

**el tráfico** Verkehr

*Algunas ciudades han limitado el tráfico en el centro urbano para evitar la contaminación.*

**el tráfico de cercanías** Nahverkehr

*El tráfico de cercanías en España no es tan bueno como en Alemania.*

**el transporte público** öffentliche Verkehrsmittel

*Joaquín va todos los días en transporte público a la universidad.*

**el tranvía** Straßenbahn

*Pedro piensa que ir en tranvía es entretenido porque puedes ver las calles mientras vas a otro lugar.*

**urbano/-a** städtisch; urban

*Por esa calle se llega directamente al casco urbano.*

**el vehículo** Fahrzeug

*Cada vez menos personas usan sus vehículos para ir al trabajo.*

**22** *Clasifica las siguientes palabras en la categoría adecuada.*

la sierra • el AVE • pantanoso/-a • superpoblado/-a • el tranvía • el rascacielos • el edificio • el desierto • el metro • la costa • el esmog • el bosque • el tráfico de cercanías • el aeropuerto • el centro comercial

| el transporte público | el paisaje rural | el paisaje urbano |
|---|---|---|
| | | |

## TIEMPO

**el calentamiento global** globale Erwärmung; Erderwärmung **calentar**
*El calentamiento global es uno de los problemas más urgentes que solucionar.*

**cálido/-a** warm
*En Caracas los inviernos son cálidos porque no hace casi nunca frío.*

**caluroso/-a** heiß

*El último verano fue muy caluroso.*

**el cambio climático** Klimawandel

*El cambio climático traerá muchos problemas para las personas en muy pocos años.*

**el chubasco** Regenschauer; Platzregen

*En el este de España habrá chubascos moderados.*

**derretirse** schmelzen

*Los glaciares se están derritiendo a un ritmo mucho más rápido de lo que se pensaba.*

**descender** fallen ≠ **subir; ascender**

*Esta semana han descendido las temperaturas.*

**esperar** (er)warten

*Se espera que el cambio climático afecte mucho a la salud de las personas.*

**la estación** Jahreszeit

*La estación preferida de Patricia es la primavera.*

**el grado centígrado** Grad Celsius

*Al nivel del mar, el agua hierve a los 100 grados centígrados.*

**el granizo** Hagel

*En mi pueblo siempre cae granizo al final del verano.*

**hacer frío** kalt sein ≠ **hacer calor**

*Ponte una chaqueta. Hace frío en la calle.*

**helar** gefrieren

*¡Ten cuidado con la bicicleta! Esta noche ha helado.*

**húmedo/-a** feucht ≠ **seco/-a**

*Juana tiene ganas de dormir, el calor húmedo le produce sueño.*

**el huracán** Hurrikan

*El huracán Lorenzo perdió su fuerza al llegar a la península ibérica.*

**la inundación** Überschwemmung/-flutung

*Uno de los mayores problemas en el Mar Menor es el peligro de inundación.*

**lluvioso/-a** regnerisch **la lluvia**

*Va a ser una semana lluviosa.*

**nevar** schneien **la nieve**

*Mañana nevará a partir de los 1 000 metros de altitud.*

**nublado/-a** bewölkt **la nube**

*No me gustan los días nublados.*

**la precipitación** Niederschlag

*Se esperan fuertes precipitaciones en el norte de Venezuela.*

**la previsión del tiempo** Wettervorhersage

*Según la previsión del tiempo esta tarde va a llover.*

**soleado/-a** sonnig

*Me gustan los días soleados de invierno.*

**subir** ansteigen ≠ **descender; bajar**

*Las temperaturas subirán este fin de semana.*

**templado/-a** gemäßigt; mild

*Las regiones de climas templados no tienen veranos muy cálidos ni inviernos muy fríos.*

**la tormenta** Gewitter; Sturm

*Ayer por la tarde no pude salir a hacer deporte por la tormenta.*

**la zona climática** Klimazone

*Hay tres zonas climáticas en el mundo: cálida, fría y templada.*

## ? 23 *Completa las frases con palabras de 'Tiempo'.*

1. El ______________________ ha destrozado varias ciudades.
2. A Natalia le dan mucho miedo las ______________________ , sobre todo las que tienen muchos rayos y truenos.
3. ¿Qué dice la ______________________ para los días que vamos a estar de vacaciones?
4. Mi ______________________ preferida es la primavera porque se puede disfrutar del buen tiempo, sin pasar mucho calor.
5. Cada viernes los jóvenes se manifiestan en la Puerta del Sol contra el ______________________ .
6. A Judith le hacen muy feliz los días ______________________ .
7. Las temperaturas han subido y, por eso, la nieve se ______________________ .
8. A partir de diciembre empezarán a ______________________ las temperaturas en toda la península ibérica.
9. Después de unos intensos días de lluvia, en mi ciudad hubo una gran ______________________ .
10. Para la semana que viene se esperan temperaturas que alcancen los 20 ______________________ .

## MEDIOAMBIENTE

**agotar** aufbrauchen; erschöpfen **= consumir**

*El agua del planeta se agotará si no ponemos remedio pronto.*

**el agua subterránea** (fem.) Grundwasser

*El agua subterránea es una fuente importante para beber y para regar.*

**el/la ambientalista** Umweltschützer/in

*Los ambientalistas se manifestaron ayer delante del Congreso de los Diputados.*

**asfixiar** ersticken

*¡Hace un calor que asfixia!*

**aumentar** ansteigen; zunehmen **≠ disminuir; reducir**

*En los últimos años ha aumentado el nivel del mar.*

**la basura** Müll

*Es importante separar la basura.*

**la basura orgánica** Biomüll

*Mis abuelos usaban basura orgánica como compost para su jardín.*

**biodegradable** biologisch abbaubar

*Cada vez hay más empresas que fabrican productos biodegradables.*

**la bolsa de plástico** Plastiktüte

*Cuando voy a comprar, evito utilizar bolsas de plástico.*

**la cadena alimentaria** Nahrungskette

*En la cadena alimentaria el más fuerte se come al más débil.*

**el cáncer de piel** Hautkrebs

*Cuando voy a la playa uso crema solar para evitar el cáncer de piel.*

**la capa de ozono** Ozonschicht

*Los científicos llevan 40 años aconsejando cuidar la capa de ozono.*

**la central nuclear** Kern-/Atomkraftwerk

*En Argentina hay tres centrales nucleares.*

**los clorofluorocarbonos (CFC)** (Pl.) FCKW (Fluorchlorkohlenwasserstoffe) (Pl.)

*Es importante no usar productos con CFC para evitar destruir la capa de ozono.*

**el combustible** Kraftstoff; Treibstoff

*El próximo coche que me compre no va a usar nada de combustible.*

**contaminar** verschmutzen; verseuchen **la contaminación**

*El tren contamina menos que ningún otro medio de transporte.*

**dañar** schaden

*¿Cómo y cuánto daña el ser humano el planeta?*

**la deforestación** Abholzung; Rodung

*Los efectos de la deforestación ya se notan en Colombia.*

**la depuradora** Kläranlage

*El ayuntamiento tiene que reparar la depuradora local.*

**derrochar** verschwenden **≠ ahorrar**

*Se propone no derrochar los recursos naturales para cuidar el medioambiente.*

**el desastre natural** Naturkatastrophe

*Las inundaciones y los terremotos son desastres naturales comunes en Perú.*

**el desecho** Abfall

*Tirar desechos al mar puede dañar mucho el medioambiente.*

**el detergente** Reinigungs-/Waschmittel

*Pedro compra detergentes biodegradables para lavar su ropa.*

**devastador/a** zerstörend; verheerend
*Los efectos del cambio climático pueden ser devastadores para el planeta.*

**el dióxido de carbono** Kohlendioxid
*El calentamiento global se produce por la cantidad de dióxido de carbono que hay en el aire.*

**la diversidad** Vielfalt
*Costa Rica está considerada uno de los países con más diversidad de especies del mundo.*

**ecológico/-a** umweltfreundlich; ökologisch
*El modelo industrial ecológico es respetuoso con el medioambiente.*

**el ecosistema** Ökosystem
*Si el calentamiento global sigue así, algunos ecosistemas desaparecerán.*

**el efecto invernadero** Treibhauseffekt
*Las temperaturas han aumentado en los últimos años por el efecto invernadero.*

**eficaz** wirksam **la eficacia**
*Los Gobiernos quieren tomar medidas eficaces contra el cambio climático.*

**la emisión (de sustancias contaminantes)** Schadstoffausstoß
*La emisión de gases como el dióxido de carbono es perjudicial para el funcionamiento de los ecosistemas.*

**en peligro de extinción** vom Aussterben bedroht
*El movimiento Extinction Rebellion alerta de que el ser humano está en peligro de extinción.*

**la energía eólica** Windenergie
*La energía eólica se utiliza cada vez más en España.*

**la energía solar** Solarenergie

*La energía solar es una alternativa a la energía más contaminante, el carbón.*

**el envase** Verpackung

*Los envases biodegradables son una alternativa a las bolsas de plástico.*

**envenenar** vergiften **el veneno**

*Los CFC pueden envenenar a los seres humanos.*

**la erosión del suelo** Bodenerosion

*Una de las consecuencias de la deforestación es la erosión del suelo.*

**la especie** Spezies; Art

*El lince ibérico es una especie en peligro de extinción.*

**evitar** verhindern

*Todavía se pueden evitar algunas consecuencias negativas del cambio climático.*

**el gas natural** Erdgas

*La instalación de gas natural es cada vez más popular en España.*

**los gases de efecto invernadero** (Pl.) Treibhausgase (Pl.)

*La mayoría de los gobernantes quieren acabar con los gases de efecto invernadero.*

**el hábitat** Lebensraum

*La Tierra es el hábitat de todos los animales y del ser humano.*

**el impacto** Auswirkung

*Las nuevas medidas pueden tener un impacto negativo en la población.*

**la incineración de residuos** Müllverbrennung

*La incineración de residuos genera gases de efecto invernadero.*

**la Juventud por el Clima** Fridays For Future
(globale Schüler- und Studierendenbewegung für den Klimaschutz)

*Cada vez más jóvenes apoyan el movimiento Juventud por el Clima.*

**la madera** Holz

*Rodrigo quiere hacerse una mesa con esta madera.*

**medioambiental** Umwelt…

*Los problemas medioambientales de los próximos años son un reto para el mundo entero.*

**el microplástico** Mikroplastik

*Varios países de la Unión Europea quieren prohibir el uso intencionado de microplásticos.*

**nocivo/-a para la salud** gesundheitsschädlich

*Comer alimentos muy tostados es nocivo para la salud.*

**el pesticida** Schädlingsbekämpfungsmittel; Pestizid

*Los pesticidas son tóxicos para el ser humano.*

**la polución del aire** Luftverschmutzung

*La polución del aire es uno de los problemas de las grandes ciudades.*

**proteger de/contra** (be)schützen vor/gegen

*Hay que proteger la piel de los rayos ultravioleta durante todo el año.*

**provocar** verursachen; hervorrufen

*El calentamiento global provoca desastres naturales.*

**químico/-a** chemisch

*No me gusta utilizar muchos productos químicos para limpiar.*

**el rayo** Strahl

*Un rayo puede causar un incendio forestal y quemar un bosque entero.*

**reciclar** recyceln

*Es importante consumir menos y reciclar más.*

**los recursos naturales** (Pl.) natürliche Ressourcen; Bodenschätze (Pl.)

*Debemos evitar que se agoten todos los recursos naturales.*

---

**reducir** reduzieren; verringern

*La Unión Europea propone reducir la emisión de gases de efecto invernadero para 2030.*

---

**renovable** erneuerbar

*Usar energías renovables nos ayudará a salvaguardar el planeta.*

---

**los residuos** (Pl.) Abfall

*Hay una gran cantidad diaria de residuos urbanos en las grandes ciudades.*

---

**reutilizar** wiederverwendbar

*Hoy en día disponemos de diferentes métodos para reutilizar la energía.*

---

**sostenible** nachhaltig **la sostenibilidad**

*El consumo responsable es una de las características de la economía sostenible.*

---

**la sustancia nociva** Schadstoff

*El mercurio es una de las sustancias químicas más nocivas para la salud pública.*

---

**el vertedero** Mülldeponie **verter**

*Toda la basura que generamos acaba en el vertedero si no la reciclamos.*

**24** *Resuelve el siguiente crucigrama con las palabras de 'Medioambiente'.*

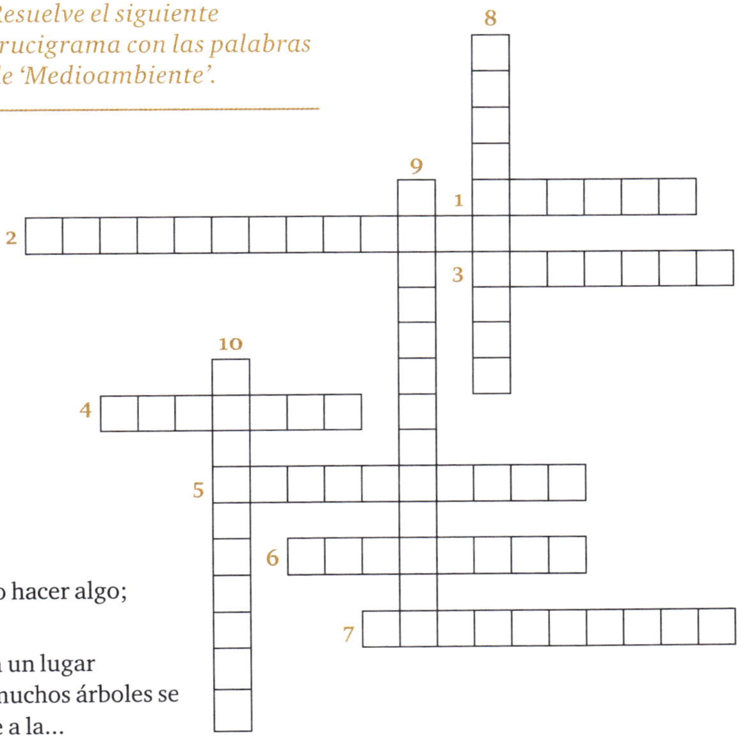

### Horizontal

1. Intentar no hacer algo; apartarse.
2. Cuando en un lugar se cortan muchos árboles se contribuye a la...
3. Consecuencias de una acción en un lugar concreto, en su paisaje, en los seres (plantas, animales, personas) que viven en él.
4. Ambiente adecuado para la vida de un organismo, una planta o un animal.
5. Grupo de seres vivos que se relacionan entre sí y se desarrollan en el medioambiente en el que viven.
6. Sinónimo de basura (en plural).
7. Cambiar las condiciones normales de un lugar de forma perjudicial por el uso de sustancias químicas o físicas.

### Vertical

8. Se dice de un modelo de desarrollo con el que a largo plazo no se agotan los recursos ni se destruye el medioambiente.
9. Es una partícula de plástico muy pequeña que está en muchos envases de plástico.
10. Gran cantidad de cosas distintas.

# 6 ARTE Y CULTURA BELLAS ARTES

**la arcilla** Ton
*Las primeras casas que se conocen estaban hechas con arcilla.*

**el/la arquitecto/-a** Architekt/in — **la arquitectura**
*Antonio Gaudí fue un arquitecto catalán muy famoso.*

**el/la artista** Künstler/in
*Los artistas mexicanos Frida Kahlo y Diego Rivera estuvieron juntos durante muchos años.*

**artístico/-a** künstlerisch; Kunst...
*Los Premios Goya destacan el mérito artístico del cine español.*

**barroco/-a** barock
*La catedral de Santiago de Compostela tiene dos fachadas barrocas.*

**las Bellas Artes** (Pl.) die schönen Künste (Pl.)
*Marina estudió Bellas Artes para aprender a hacer cómics.*

**el caballete** Staffelei
*En algunos cuadros de Goya, el pintor retrata el caballete que usaba.*

**construir** bauen; errichten — **≠ destruir**
*Los egipcios construyeron las pirámides.*

**el cuadro** Gemälde
*Los cuadros de Frida Kahlo son muy famosos en todo el mundo.*

**el cubismo** Kubismus
*Pablo Picasso fue uno de los creadores del cubismo.*

**dibujar** zeichnen — **el dibujo**
*Amaya dibuja muy bien. Es una artista.*

**diseñar** zeichnen; entwerfen **el diseño**

*Enric Miralles fue un arquitecto catalán que diseñó el Parlamento de Escocia.*

**la escultura** Bildhauerkunst; Skulptur **el/la escultor/a**

*En el Museo Reina Sofía hay esculturas de Picasso.*

**exponer** ausstellen

*Los artistas exponen su obra en el Museo Thyssen-Bornemisza de Madrid hasta el próximo mes de diciembre.*

**la exposición** Ausstellung

*'Solo la voluntad me sobra' es una exposición temporal de dibujos de Goya.*

**el expresionismo** Expressionismus

*El expresionismo es un movimiento artístico que surgió en Alemania.*

**el mármol** Marmor

*El monumento a Alfonso XII en el Parque del Retiro está hecho de bronce y de mármol.*

**el museo** Museum

*Cuando voy a una ciudad me gusta visitar sus museos.*

**la naturaleza muerta; el bodegón** Stillleben

*Juan Sánchez Cotán fue un pintor místico del siglo XVII célebre por sus cuadros de naturaleza muerta.*

**permanente** Dauer...; dauerhaft

*El 'Guernica' de Picasso pertenece a la colección permanente del Museo Reina Sofía.*

**el pincel** Pinsel

*He tenido que comprarme pinceles nuevos para pintar este cuadro.*

**pintar** malen **la pintura**

*A Martina le gusta pintar por las noches.*

**la pintura al óleo** Ölgemälde
*'La tentación de San Antonio' de Dalí es una pintura al óleo.*

**reconocido/-a** anerkannt **= famoso/-a**
*César Pelli fue un reconocido arquitecto argentino.*

**el Renacimiento** Renaissance
*Alonso Berruguete es uno de los escultores más importantes del Renacimiento español.*

**retratar** porträtieren **el retrato**
*Arturo Michelena retrató a Simón Bolívar en 1888.*

**el Romanticismo** Romantik
*En pintura, Goya es uno de los máximos representantes del Romanticismo español.*

**el/la visitante** Besucher/in **la visita**
*El Museo del Prado atrae a más de 3,5 millones de visitantes al año.*

**el yeso** Gips
*Algunas imágenes religiosas de las procesiones de Semana Santa están hechas con yeso.*

**?** **25** *Usa las siguientes palabras de 'Bellas Artes' para rellenar el texto.*

**visitantes • cuadros • arquitecto • exposiciones • artistas • cubismo • reconocidos • diseñó**

En España tenemos la suerte de haber tenido grandes 1. ______________ que hoy en día son bastante 2. ______________ internacionalmente. Algunos, como Pablo Picasso, tienen sus 3. ______________ en museos de otros países. El creador del 4. ______________ tiene un museo con su nombre en Münster al que cada día acuden unos 1 000

5. ______________________ . Antonio Gaudí, el famoso

6. ______________________ catalán, no tiene su propio museo fuera de España. Sin embargo, cada año miles de personas viajan a Barcelona para ver los edificios que él 7. ______________________ . Finalmente, uno de los artistas españoles más internacionales hoy en día es Jaume Plensa. El escultor tiene

8. ______________________ en museos de países como Estados Unidos, Alemania, México o Rusia.

## LITERATURA

**la aliteración** Alliteration
*En el texto hay una aliteración de la letra ese.*

**la anáfora** Anapher
*Al inicio de los versos se repite la palabra 'verde'; esto es una anáfora.*

**el antihéroe** Antiheld **≠ el héroe**
*Don Quijote de La Mancha es el paradigma del antihéroe.*

**el clímax** Höhepunkt
*El clímax se produce al final, cuando don Quijote recobra la cordura.*

**el costumbrismo** Kostumbrismus (literarische Strömung, die Sitten und Bräuche der spanischen Gesellschaft schildert) **la costumbre**
*Mariano José de Larra es uno de los escritores más representativos del costumbrismo literario.*

**el cuento de hadas** Märchen
*A Joaquín le encanta leer cuentos de hadas a sus hijos.*

**el desenlace** Ausgang; Ende

*El desenlace del libro me parece muy interesante e inesperado.*

**el/la escritor/a** Schriftsteller/in; Autor/in

*La escritora Cristina Fallarás presentó en Barcelona su libro 'Honrarás a tu padre y a tu madre'.*

**ficcional** erfunden; fiktional **la ficción**

*La historia que se cuenta es ficcional, pero parte de hechos reales.*

**la fábula** Fabel

*A David le regalaron un libro de fábulas cuando era pequeño.*

**el galardón** Auszeichnung; Preis **= el premio**

*Cristina Morales ganó el Premio Nacional de Narrativa 2019, un galardón dotado con 20 000 euros.*

**el género** Genre; Gattung

*¿Qué género literario es tu preferido?*

**el héroe** Held

*El capitán Alatriste es un héroe de ficción del escritor Arturo Pérez-Reverte.*

**la heroína** Heldin

*Pippi Calzaslargas fue una heroína infantil de los años setenta.*

**el homenaje** Ehrung; Huldigung

*En el libro, el autor hace un homenaje a su mejor amigo.*

**el/la lector/a** Leser/in

*Sus libros tienen lectores en todas las partes del mundo.*

**el lenguaje** Sprache

*El autor emplea un lenguaje muy directo en su obra de teatro.*

**la lírica** Lyrik; Dichtung

*La poesía lírica del siglo XX en España se desarrolla a través de muchas corrientes como el modernismo, el novecentismo, las vanguardias…*

**la metáfora** Metapher

*Las metáforas se usan en literatura desde hace muchos siglos.*

**el/la narrador/a** Erzähler/in

*El narrador cuenta la historia en primera persona.*

**narrar** erzählen **= contar**

*El libro 'Cien años de soledad' narra la historia de la familia Buendía.*

**la novela** Roman

*La novela de Gabriel García Márquez que más me gusta es 'Del amor y otros demonios'.*

**la novela picaresca** Schelmenroman

*'El Lazarillo de Tormes' es una novela picaresca escrita en el siglo XVI.*

**la novela policíaca** Kriminalroman

*Eduardo Mendoza suele escribir novelas policíacas ambientadas en Barcelona.*

**el nudo** Höhepunkt (der Handlung)

*En la estructura argumental de un libro, el nudo es la parte central de la historia.*

**la obra** Werk; Stück

*La obra de Salvador Elizondo tiene un estilo propio.*

**la peripecia** Peripetie; Wendepunkt (im Drama)

*Tras algunas peripecias, Sancho Panza entendió lo que le pasaba a don Quijote.*

**el personaje** Figur **la persona**

*El personaje tiene un carácter complicado, pero muy interesante.*

**la perspectiva narrativa** Erzählperspektive
*La perspectiva narrativa de este libro es la del narrador omniscente, es decir, se cuenta la historia sin fomar parte de ella.*

**el planteamiento** Ansatz; Herangehensweise
*Su obra tiene un planteamiento crítico con los problemas del mundo.*

**el poema** Gedicht
*¿Te acuerdas del primer poema que leíste?*

**la poesía** Dichtung; Poesie
*Julio consiguió publicar un libro de poesías.*

**el/la protagonista** Hauptfigur; Protagonist/in
*El protagonista de la novela es un antihéroe.*

**el realismo mágico**
Magischer Realismus; künstlerische Strömung des 20. Jahrhunderts
*Gabriel García Márquez es uno de los escritores más importantes del realismo mágico.*

**el recurso estilístico** Stilmittel
*El escritor hace un uso constante de recursos estilísticos variados para llamar la atención del lector.*

**la rima abrazada** umarmender Reim
*Lope de Vega usaba la rima abrazada en sus obras.*

**la rima cruzada** Kreuzreim
*Antonio Machado usó la rima cruzada en varios de sus poemas.*

**la rima gemela** Paarreim
*El poeta mexicano Enrique González Martínez usaba la rima gemela en sus poesías.*

**la trama** Handlung

*La trama de la novela 'Sin noticias de Gurb' es muy divertida.*

**el verso libre** freies Versmaß

*El poeta Juan Ramón Jiménez introdujo el verso libre en el mundo hispánico.*

### ? 26 *Une cada palabra con su traducción.*

| | |
|---|---|
| 1. el antihéroe | a) la trama |
| 2. Handlung | b) la fábula |
| 3. Heldin | c) la novela |
| 4. el desenlace | d) Erzählerin |
| 5. Auszeichnung; Preis | e) Antiheld |
| 6. la narradora | f) Figur |
| 7. Roman | g) Ausgang; Ende |
| 8. Fabel | h) Gattung; Genre |
| 9. el género | i) la heroína |
| 10. el personaje | j) el galardón |

1. ____ 2. ____ 3. ____ 4. ____ 5. ____ 6. ____

7. ____ 8. ____ 9. ____ 10. ____

## TEATRO • CINE

**a vista de pájaro** Vogelperspektive

*La nueva temporada de la serie empieza con un capítulo donde se ve Madrid a vista de pájaro.*

**el acto** Akt; Aufzug

*La obra 'Don Álvaro o la fuerza del sino', del duque de Rivas, está dividida en cinco actos.*

**el actor** Schauspieler

*Óscar Jaenada es uno de mis actores favoritos.*

**la actriz** Schauspielerin

*Úrsula Corberó demuestra que es una actriz que puede hacer personajes muy diferentes.*

**el ángulo de cámara** Kameraeinstellung

*El ángulo de cámara en plano subjetivo muestra la acción como la ve el personaje dentro de la película.*

**arrebatador/a** mitreißend

*El final de la película es arrebatador.*

**el cine independiente** Independent-Kino; Indie-Kino

*El cine independiente trata temas muy interesantes de carácter social o de actualidad.*

**el/la cineasta** Filmschaffende/r; Filmliebhaber/in

*El cineasta Pedro Almodóvar ha dirigido una película sobre su vida como artista.*

**el clásico** Klassiker

*A Juan le gusta leer los clásicos del teatro.*

**la comedia** Komödie

*La película 'Perdiendo el norte' es una comedia de Nacho García Velilla.*

**comercial** kommerziell

*Me gusta ver cine comercial cuando quiero pasar un rato divertido.*

**conmovedor/a** bewegend; rührend

*La película me pareció muy extraña, pero conmovedora.*

**el cortometraje** Kurzfilm

*'Sueños' es un cortometraje de Daniel Guzmán.*

**cursi** kitschig

*A Ignacio no le gustan las películas cursis.*

**el/la director/a** Regisseur/in

*La actriz Leticia Dolera hizo su primera película como directora en 2015.*

**emocionante** spannend; bewegend

*La película es emocionante; te sientes identificado con los sentimientos de los personajes.*

**en primer plano** im Vordergrund

*Esta escena en primer plano muestra lo que el personaje siente.*

**la entrada** Eintritt(skarte)

*He comprado una entrada para ver 'Dolor y gloria'.*

**el escenario** Schauplatz; Bühne

*Cuando Javier Bardem se sube al escenario es un actor buenísimo.*

**escenificar** inszenieren

*La compañía de teatro escenificará una obra de Lope de Vega en Almagro.*

**el/la espectador/a** Zuschauer/in

*Los espectadores estaban muy emocionados cuando acabó la obra de teatro.*

**la estrella** Filmstar

*La actriz mexicana Yalitza Aparicio se convirtió en una estrella por su papel en 'Roma'.*

**estrenar(se)** uraufführen; Premiere haben

*En 2019 se estrenó la película 'Esto no es Berlín'.*

**exitoso/-a** erfolgreich

*El exitoso actor Antonio Banderas ha pasado unos días en Málaga con su familia.*

**gracioso/-a** witzig; lustig

*Fernando Tejero es un actor muy gracioso.*

**el guion** Drehbuch

*Álvaro escribió el guion para una película hace mucho tiempo.*

**hacer/interpretar el papel** die Rolle spielen

*Penélope Cruz hace el papel de la madre de Pedro Almodóvar cuando era niño en la película 'Dolor y gloria'.*

**la industria cinematográfica** Kinoindustrie

*La industria cinematográfica es muy potente en Estados Unidos.*

**el melodrama** Melodram(a)

*La película 'Todo sobre mi madre' es un melodrama de Pedro Almodóvar.*

**la pantalla** Leinwand; Bildschirm

*Me encanta ver películas en pantalla grande.*

**la película en blanco y negro** Schwarzweißfilm

*Roberto ha visto muchas películas en blanco y negro.*

**la película taquillera** Kassenschlager

*'Campeones' fue la película española más taquillera de 2018.*

**el público** Publikum

*Al público le gustó mucho esta comedia.*

**representar** darstellen; spielen

*Miguel Herrán representa a un joven que tiene problemas con sus padres.*

**rodar** einen Film drehen

*La serie 'Hernán Cortés' se rodó en varios lugares de España y de México.*

**la sala** Kinosaal

*La película se proyectará en la sala 2.*

**el telón** Vorhang

*Cuando los actores estaban preparados, el telón se abrió.*

**la tragedia** Tragödie

*Federico García Lorca escribió la tragedia 'Bodas de sangre'.*

**el trávelin** Kamerafahrt

*Para rodar esa escena necesitamos un trávelin que siga al actor en sus movimientos.*

## ? 27 *Completa las frases con palabras de 'Teatro • Cine'.*

1. Aunque a Paula le encanta el ____________________,
   algunas veces también le gustan las películas ____________________.
2. Los actores tuvieron que viajar a Colombia para ____________________ algunas escenas de la película.
3. Cuando la obra de teatro terminó, el ____________________ aplaudió durante varios minutos.
4. Para Javier lo más bonito de ser actor de teatro es subirse al ____________________ y expresarse delante de muchas personas.
5. En 'Perdiendo el norte' Úrsula Corberó ____________________ a Nadia, la novia de Hugo.
6. Como Manuel es fan del cine clásico, ha visto muchas ____________________
   ____________________.
7. La comedia que vimos el martes fue mucho más ____________________ de lo que pensábamos.
8. La película se ____________________ el pasado mes de abril.
9. 'Padre no hay más que uno' es una de las ____________________
   de 2019, con más de dos millones de ____________________.

## MÚSICA • BAILE

**la actuación** Auftritt

*La actuación de Vetusta Morla con la Orquesta Sinfónica de la Región de Murcia fue impresionante.*

**apasionado/-a** leidenschaftlich **la pasión**

*El Cigala es un apasionado músico de flamenco.*

**el/la bailaor/a** Flamencotänzer/in

*Sara Baras es una de las bailaoras más famosas de España.*

**el baile** Tanz

*Joaquín Cortés es un apasionado del baile desde pequeño.*

**la banda** Band

*La banda argentina preferida de Daniela es Delta Venus.*

**la batería** Schlagzeug

*Cuando era pequeña aprendí a tocar la batería con mi tío.*

**el/la cantante** Sänger/in

*De pequeña, el sueño de Shakira era convertirse en cantante.*

**el/la cantaor/a** Flamencosänger/in

*En Córdoba hay muchos conciertos de cantaores famosos.*

**la cumbia** kolumbianische/r Volkstanz und Musikrichtung

*¿Quieres hacer un curso para aprender a bailar cumbia?*

**dar un concierto** ein Konzert geben

*La banda dio conciertos en toda Argentina para darse a conocer.*

**el estribillo** Refrain

*¡Me encanta el estribillo de esta canción!*

**la estrofa** Strophe

*La primera estrofa de la canción habla de la libertad y el amor.*

**la fama** Ruhm

*Los amigos del rapero Zatu dicen que la fama no le ha cambiado.*

**la gira** Tournee

*La gira latinoamericana del cantante colombiano empieza el próximo mes de enero.*

**la guitarra flamenca** Flamencogitarre

*Mi abuelo sabía tocar la guitarra flamenca muy bien.*

**la letra** Liedtext

*Esta canción no tiene letra, pero es buenísima.*

**la música pop** Popmusik

*Ángel disfruta mucho de la música pop, pero también le gustan otros estilos.*

**el piano** Klavier

*Me gustaría aprender a tocar el piano.*

**el ritmo** Rhythmus

*La canción tiene un ritmo bastante alegre.*

**la samba** Samba

*Joaquín aprendió a bailar samba cuando estuvo en Brasil.*

**tocar un instrumento** ein Instrument spielen

*¿Tocas algún instrumento?*

**la voz** Stimme

*José Carreras tiene una voz impresionante.*

**?** **28** *Clasifica las siguientes palabras en la categoría adecuada.*

**el piano • el estribillo • la voz • la guitarra flamenca • el/la bailaor/a • el ritmo • el/la cantante • el/la cantaor/a • la letra • la batería • la estrofa**

| los artistas | los instrumentos | las canciones |
|---|---|---|
| | | |

## MODA

**el abrigo** Mantel **abrigar**

*Me encanta el abrigo nuevo que me he comprado.*

**ajustar** anpassen; kürzen

*Estos pantalones son muy largos, tendremos que ajustarlos para que te queden mejor.*

**caro/-a** teuer **≠ barato/-a**

*Me he comprado ropa de diseño muy cara.*

**la chaqueta** Jacke; Blazer

*¿Puedo ponerme tu chaqueta marrón esta noche?*

**la cintura** Taille

*Estos pantalones me quedan anchos de cintura.*

**el corte** Schnitt

*El corte de esta camisa es muy moderno.*

**coser** nähen

*Sebastián aprendió a coser cuando vivía en Madrid.*

**de cuero** aus Leder; ledern

*Estas botas de cuero son perfectas para el invierno.*

**el desfile** Modenschau

*Muchos famosos fueron a ver el desfile en Barcelona este fin de semana.*

**el diseño** Entwurf; Zeichnung

*La nueva colección presenta vestidos con diseños indígenas mexicanos.*

**elegante** schick; elegant

*Judith se ha comprado un vestido muy elegante para la boda.*

**estar de moda** in Mode sein

*Este año están de moda los colores vivos y llamativos.*

**la falda** Rock

*Esta tarde he visto una falda muy bonita en la tienda de la esquina.*

**flaco/-a** dünn

*Toda la ropa te queda grande porque estás muy flaco.*

**las joyas** (Pl.) Schmuck

*Mi abuela guarda todavía las joyas de mi bisabuela.*

**las medias** (Pl.) Strumpfhose; Strümpfe (Pl.)

*En invierno me pongo falda con medias térmicas.*

**el/la modelo** Model

*Pedro es modelo profesional y por eso viaja mucho.*

**el/la modisto/-a** Modeschöpfer/in

*Los diseños del modisto español Anel Yaos son muy creativos.*

**la pasarela** Laufsteg

*En la Pasarela Fortuny se presentan los diseños de jóvenes modistos de todo el mundo.*

**el patrón** Schnittmuster; Modell

*Con este patrón puedes confeccionar un vestido de gala.*

**la prenda** Kleidungsstück

*Mi prenda favorita es el jersey.*

**las rebajas** (Pl.) Schlussverkauf; Sonderangebot

*Mis padres y yo vamos hoy a Madrid a comprar ropa en rebajas.*

**suelto/-a** locker; weit

*Los pantalones de corte suelto están otra vez de moda.*

**la talla** Konfektionsgröße

*Virginia necesita una talla más pequeña.*

**las tallas grandes** (Pl.) Übergröße

*En España ha aumentado el porcentaje de personas que usan tallas grandes.*

**la tela polar** Fleece

*La tela polar es suave, cálida y elástica.*

**la tendencia** Trend

*La semana de la moda de Madrid marcará las tendencias de la próxima temporada.*

**los vaqueros** (Pl.) Jeans (Pl.)

*Es increíble que Raquel se haya puesto unos vaqueros, nunca le han gustado.*

**el vestido** Kleid; Kleidungsstück

*Me compré un vestido azul muy bonito.*

**los zapatos de tacón** (Pl.) Stöckelschuhe; High Heels (Pl.)

*A Úrsula no le gustan los zapatos de tacón porque son muy incómodos.*

## ? 29 *Resuelve el siguiente crucigrama con las palabras de 'Moda'.*

### Horizontal

1. Hombre cuya profesión es diseñar ropa.
2. Una persona que tiene buen gusto para vestir es…
3. Momento del año en que la ropa se vende más barata que normalmente.

### Vertical

4. Evento en el que las marcas de ropa muestran sus nuevos diseños en una pasarela.
5. Prenda de vestir que se pone sobre las demás cuando hace frío.
6. Altura de las personas.
7. Material con el que se hace ropa.
8. Algo que está de moda.

## GASTRONOMÍA

**el alimento** Lebensmittel

*Toda la comida de nuestro restaurante está hecha con alimentos frescos.*

**la alta cocina** Haute Cuisine

*Este verano fuimos a un restaurante de alta cocina en Bilbao. ¡Todo estaba riquísimo!*

**el buen gusto** guter Geschmack

*El buen gusto y los alimentos frescos son el secreto de este joven cocinero.*

**el/la camarero/-a** Kellner/in

*Los camareros de este restaurante son muy amables y simpáticos.*

**cocinar** kochen

*Miguel sabe cocinar buenas paellas.*

**la comida** Essen; Gericht

*La comida estaba muy rica y, además, los alimentos eran de muy buena calidad.*

**la cuenta** Rechnung

*Cuando Agustín pidió la cuenta, el camarero se la trajo enseguida.*

**la especia** Gewürz

*La cúrcuma es una de mis especias favoritas.*

**el fogón** Herd

*Ferran Adrià se ha pasado toda su vida entre fogones.*

**freír** braten; frittieren

*Después de pelar la cebolla, hay que freírla hasta que empiece a dorar.*

**el gazpacho** kalt servierte spanische Gemüsesuppe

*Me encanta comer gazpacho en verano.*

**el ingrediente** Zutat

*Nuestros ingredientes son de nuestro huerto.*

**el jamón serrano** spanischer luftgetrockneter Schinken

*China ha empezado a producir su propio jamón serrano.*

**la olla** Kochtopf

*Para hacer este plato necesitamos echar todos los ingredientes a la olla, dejar hervir y esperar.*

**pedir** bestellen

*Me he pedido tortilla para comer, ¿quieres tú también?*

**el plato nacional** Nationalgericht

*Uno de los platos nacionales de México son los tacos.*

**preferido/-a** Lieblings… **preferir**

*Mi plato preferido es cualquiera que cocine mi abuela.*

**el queso manchego** Käse aus der spanischen Region Castilla-La Mancha

*Después de visitar los monumentos del pueblo, fuimos a comprar un poco de queso manchego.*

**recomendar** empfehlen **la recomendación**

*Me han recomendado un restaurante cerca de la catedral donde se come muy bien.*

**sabroso/-a** schmackhaft; lecker

*Esta sabrosa paella para dos personas solo cuesta 15 euros.*

**la sartén** Pfanne

*¿Quieres echar las patatas en la sartén para que se vayan friendo?*

**las tapas** (Pl.) Tapas; spanische Häppchen (Pl.)

*A Vicente le encantan las tapas que llevan queso.*

**la vajilla** Geschirr

*He comprado una vajilla para cuando tenga invitados.*

**30** *Escribe la traducción al español de las siguientes palabras. Usa también el artículo (el/la) para los sustantivos.*

1. Lebensmittel ______________________
2. Kochtopf ______________________
3. schmackhaft ______________________
4. Geschirr ______________________
5. empfehlen ______________________
6. Kellner ______________________
7. Gewürz ______________________
8. Herd ______________________
9. Haute Cuisine ______________________
10. Zutat ______________________
11. bestellen ______________________
12. Lieblings... ______________________

## TRADICIONES • FIESTAS

**alegrarse de/por** sich freuen über

*Lucía se alegra de pasar las vacaciones con nosotros.*

**el aniversario** Jahrestag

*Hoy es el 20 aniversario de la boda de mis padres.*

**celebrar** feiern

*Miriam celebró una fiesta con su familia y sus amigos cuando terminó la carrera.*

**la costumbre** Sitte; Brauch

*Una de las costumbres del pueblo es sacar al patrón en procesión.*

**el día de los Reyes Magos** Heilige Drei Könige; wichtiger Weihnachtsfeiertag in Spanien und Teilen Lateinamerikas

*El día de los Reyes Magos todos los niños salen con sus padres para ver el desfile.*

**el día festivo** Feiertag

*El 25 de julio se celebra Santiago Apóstol y es día festivo en algunas comunidades de España.*

**la Diada (Día Nacional de Cataluña)**

Nationalfeiertag Kataloniens am 11. September

*La primera Diada se celebró en 1886.*

**las Fallas** (Pl.) valencianisches Frühlingsfest am 19. März (Josephstag)

*Este año Carla y Diego han ido a Valencia para ver la fiesta de las Fallas.*

**la Feria de Abril** sevillanisches Volksfest im Frühling

*La Feria de Abril es una fiesta muy bonita, pero se pasa mucho calor.*

**habitual** gewöhnlich; üblich

*Es habitual que haya música tradicional durante todas las fiestas.*

**la Navidad** Weihnachten

*Eva y Antonio pasarán la Navidad en La Habana.*

**la Pascua** Ostern

*Es una tradición de mi pueblo pasar la Pascua con los amigos en el campo.*

**el regalo** Geschenk

*El día 6 de enero mis padres me dieron un regalo muy especial.*

**reunirse** zusammenkommen; sich versammeln

*Los Rodríguez se reúnen todos los años tres veces durante las fiestas.*

**los Sanfermines** (Pl.) Volksfest in Pamplona (6.–14. Juli)

*Lucas ha estado dos veces en los Sanfermines, aunque estas fiestas no le gustan demasiado.*

**la Semana Santa** Karwoche; Woche vor den Osterfeiertagen
*Durante la Semana Santa mis amigos van a la iglesia y participan en las procesiones.*

## ? 31 *Completa las frases con palabras de 'Tradiciones • Fiestas'.*

1. En mi casa a todos nos gusta ________________ nuestros cumpleaños en familia.
2. Durante el mes de marzo se celebran en Valencia las ________________ .
3. Una de las fiestas más importantes de Andalucía que se celebra en Sevilla es la ________________ .
4. El día 25 de diciembre, en ________________ , la familia de Kiko ________________ para comer en un restaurante.
5. Muchas personas en España se emocionan viendo las procesiones de ________________ .
6. Javier y Arturo festejan este año su décimo ________________ de boda.
7. Cada región española tiene sus tradiciones y ________________ . Y a veces son muy diferentes entre ellas.
8. El día 6 de enero es el ________________ ; en este día los niños encuentran sus ________________ debajo del árbol de Navidad.

# 7 MEDIOS DE COMUNICACIÓN PRENSA

**el artículo** Artikel

*Te voy a enviar un artículo muy interesante que he leído esta mañana.*

**la caricatura** Cartoon; Karikatur

*El Roto hace caricaturas muy buenas.*

**citar** zitieren

*¿Cómo puedo citar un artículo de periódico?*

**la cobertura informativa** Berichterstattung

*Los medios de comunicación dan cobertura informativa sobre varios temas de actualidad.*

**la columna** Kolumne

*¿Te gustaría escribir una columna de opinión en el periódico para el que trabajo?*

**comprobar** überprüfen; verifizieren **= verificar**

*Las personas que trabajan en un periódico tienen que comprobar la información que publican.*

**controvertido/-a** umstritten; kontrovers

*Es difícil escribir sobre temas controvertidos.*

**el/la crítico/-a** Kritiker/in **criticar**

*Los críticos literarios piensan que esta obra va a ser un éxito total.*

**el diario** Tageszeitung

*Mi hermano lee el diario mientras desayuna.*

**la edición** Auflage; Ausgabe

*En la edición del domingo regalan un libro de Gabriel García Márquez que me encanta.*

**la editorial** Verlag

*Nuestra editorial va a regalar 100 libros en un concurso de poesía.*

**el ejemplar** Exemplar

*He encontrado un ejemplar de un libro que llevaba años buscando.*

**el escándalo** Skandal **escandalizar**

*Este escándalo puede salir en todos los diarios nacionales.*

**fiable** verlässlich

*¿Crees que esta información es fiable?*

**la fuente** Quelle

*Es importante que la información venga de fuentes fiables.*

**la libertad de prensa** Pressefreiheit

*En todos los países democráticos debe existir la libertad de prensa.*

**mensual** monatlich **≠ diario/-a**

*Julio escribe una columna mensual en un periódico de su ciudad.*

**la noticia de última hora** Eilmeldung

*Antes de los deportes les avanzamos una noticia de última hora.*

**las noticias falsas** (Pl.) Fake News (Pl.) **= el bulo**

*Hay que comprobar siempre lo que leemos en los medios de comunicación para no creernos las noticias falsas.*

**objetivo/-a** objektiv; sachlich **≠ subjetivo/-a**

*Un texto es objetivo si es fáctico y está libre de opiniones personales.*

**parcial** einseitig; voreingenommen

*Creo que la última columna de Irene es demasiado parcial, le falta neutralidad.*

**el periódico** Zeitung

*¿Qué periódicos lees normalmente?*

**el/la periodista** Journalist/in

*Periodistas de muchos medios de comunicación cubrieron la manifestación.*

**la portada** Titelseite

*Hoy todas las portadas de los principales periódicos hablan de lo mismo.*

**el/la portavoz de prensa** Pressesprecher/in

*El portavoz de prensa del Gobierno ha hablado esta mañana con los medios de comunicación.*

**la prensa rosa** Boulevardpresse

*La boda de la actriz aparece en todas las revistas de prensa rosa.*

**publicar** veröffentlichen; publizieren

*Este periódico publica todas las semanas una sección con las opiniones de los lectores.*

**redactar** redigieren

*¿Sabes cómo hay que redactar un texto?*

**el/la redactor/a** Redakteur/in

*Clara ha conseguido su primer trabajo como redactora en un periódico de gran tirada.*

**el reportaje** Bericht

*Este reportaje sobre los pueblos indígenas chilenos es muy interesante.*

**la reseña** Rezension

*He leído una reseña sobre un libro que debe ser muy emotivo.*

**la revista** Zeitschrift

*Todas las semanas Miguel compra la revista 'El Jueves'.*

**el rumor** Gerücht

*La prensa rosa acostumbra a publicar rumores sobre los famosos.*

**satírico/-a** satirisch

*Cuando viajo, me gusta comprar alguna revista satírica para leer en el trayecto.*

**la sección** Rubrik; Teil

*La sección de cultura de este periódico me parece muy buena.*

**el sector mediático** Medienbranche

*El sector mediático tiene poder de influencia sobre la opinión pública.*

**semanal** wöchentlich

*Mi padre compra una revista semanal de cocina que le encanta.*

**sensacional** sensationell

*Los medios de comunicación siempre buscan noticias sensacionales para atraer al público.*

**serio/-a** seriös

*Los cuatro periodistas trabajaron durante mucho tiempo en un artículo sobre un caso de corrupción muy serio.*

**el suplemento de fin de semana** Wochenendbeilage

*El suplemento de fin de semana de este periódico está dedicado a la moda.*

**suscribirse** abonnieren; bestellen **la suscripción**

*Marina se suscribió a una revista mensual en alemán para ampliar vocabulario.*

**la tirada** Auflage

*La tirada de los periódicos más importantes ha disminuido en los últimos años.*

**el titular** Schlagzeile

*La crisis política ha ocupado los titulares de prensa de los últimos meses.*

## ? 32 *Ordena las letras entre paréntesis y completa las frases.*

1. Juan quiere trabajar como ____________ en un periódico cuando acabe la carrera. **(ercatdro)**
2. El ____________ de Jordi Évole sobre el mundo del fútbol es muy bueno. **(tarjeproe)**
3. 'El Roto' publica ____________ muy buenas en 'El País'. **(cratuarasic)**
4. Todos los periodistas deberían ser ____________ cuando escriben sus artículos. **(vitosbejo)**
5. ¿Qué ____________ sueles leer? **(aridoi)**
6. Los periodistas no pueden ser obligados a mostrar sus ____________. **(sunefet)**
7. He comprado esta ____________ porque tiene artículos muy interesantes sobre naturaleza. **(atrevis)**
8. El presidente del Gobierno aparece hoy en los ____________ de todos los periódicos. **(arletusit)**

## TV • RADIO

**la antena parabólica** Satellitenschüssel
*Armando ha puesto una antena parabólica en su casa para ver programas internacionales.*

**el anuncio** Werbung; Anzeige **anunciar**
*Cuando empiezan los anuncios, suelo cambiar de canal.*

**la audiencia** Zuhörerschaft
*Las telenovelas turcas tienen gran audiencia en España.*

**el auricular** Kopfhörer; Telefonhörer

*Suelo escuchar la radio con los auriculares puestos cuando trabajo en casa.*

**la cadena privada** Privatsender

*En Venezuela hay más cadenas privadas que públicas.*

**la campaña publicitaria** Werbekampagne

*La fábrica de cuchillería Arcos lanzó una campaña publicitaria con un cortometraje sobre la precariedad laboral en España.*

**el documental** Dokumentarfilm

*El documental muestra cómo el turismo masivo destruye Ibiza.*

**emitir** senden; ausstrahlen **la emisión**

*Ya sabéis que emitimos todos los días desde las seis hasta las ocho de la mañana.*

**en directo** live

*Ahora conectamos en directo con nuestro compañero en Berlín.*

**encender** anschalten ≠ **apagar**

*Pablo enciende la radio para estudiar en su casa.*

**el episodio** Folge

*El último episodio de la serie ha sido uno de los mejores, sin duda.*

**el formato televisivo** Fernsehformat

*El formato televisivo de debate está muy de moda.*

**grabar** aufnehmen **la grabación**

*Grabamos por las mañanas lo que se emite por las tardes.*

**el grupo objetivo** Zielgruppe

*El grupo objetivo de este formato televisivo son los niños.*

**hacer publicidad** bewerben

*Hacer publicidad en la televisión sigue siendo muy efectivo.*

**el/la locutor/a** Sprecher/in

*Ignacio tiene una voz muy bonita. ¡Podría ser locutor de radio!*

**el mando a distancia** Fernbedienung

*¿Has visto el mando a distancia? Antes estaba encima del sofá.*

**los medios de comunicación** (Pl.) (Massen)medien (Pl.)

*Los medios de comunicación que más usan los jóvenes son las redes sociales y el teléfono móvil.*

**las noticias** (Pl.) Nachrichten (Pl.)

*A la hora de cenar en mi casa siempre vemos las noticias.*

**la película de acción** Actionfilm

*No soy muy aficionado a las películas de acción porque en ellas suele haber violencia.*

**la película de ciencia ficción** Science-Fiction-Film

*Me gustan mucho las películas de ciencia ficción por su creatividad.*

**la película de dibujos animados** Zeichentrickfilm

*Cuando era pequeño solo veía películas de dibujos animados.*

**la película de terror** Horrorfilm

*Las películas de terror a veces no dan miedo, sino que son muy graciosas.*

**el/la presentador/a** Moderator/in

*El presentador de este programa empezó trabajando como periodista en un periódico.*

**la primera emisión** Erstausstrahlung

*La primera emisión de televisión en México fue en 1946.*

**el/la productor/a** Produzent/in

*Agustín Almodóvar es actor y productor de cine desde hace muchos años.*

**el programa de entrevistas** Talkshow
*Mi programa de entrevistas favorito es 'El Hormiguero'.*

**el programa de televisión** Fernsehprogramm
*El presentador ha estado trabajando en este programa de televisión durante 10 años.*

**el programa infantil** Kinderprogramm
*¿Puedes recomendarme algún programa infantil para mi hija de tres años?*

**promocionar** werben **= publicitar**
*El invitado de hoy ha venido a promocionar su nueva obra de teatro.*

**la radiodifusión pública** öffentlicher Rundfunk
*Los servicios de radiodifusión pública deben ofrecer espacios informativos, culturales y educativos de calidad.*

**el/la receptor/a** Empfänger/in **≠ el/la emisor/a**
*Gracias a los receptores satélite se pueden ver cientos de canales de televisión.*

**el/la remitente** Absender/in
*El mensaje solo puede escucharse a corta distancia del remitente inalámbrico.*

**RTVE (Radio Televisión Española)** spanische Rundfunk- und Fernsehanstalt
*Los canales de RTVE con más audiencia son La 1, La 2 y 24 horas, un canal de todo noticias.*

**la serie** Serie
*La serie más exitosa de RTVE en los últimos años ha sido 'Cuéntame cómo pasó'.*

**el subtítulo** Untertitel
*A veces veo series o películas con subtítulos en español para mejorar el idioma.*

**la tele(visión)** Fernsehen
*Lidia y Diego no suelen ver la tele mientras comen.*

**la telenovela** Seifenoper; Soap

*He aprendido mucho vocabulario de español viendo telenovelas.*

**la televisión en color** Farbfernsehen

*En Colombia, la primera transmisión de televisión en color se hizo en 1973; fue un programa educativo durante un seminario.*

**la televisión por cable** Kabelfernsehen

*Me encanta la televisión por cable porque puedo ver muchos programas y no hay publicidad.*

**la temporada** Staffel

*La última temporada de 'La casa de papel' fue muy emocionante.*

**la tertulia** Gesprächsrunde; Talkshow

*Todas las mañanas se emiten tertulias en varias cadenas de televisión.*

**la transmisión (de televisión)** Fernsehübertragung

*La transmisión de nuestro programa comenzará en unos minutos.*

**transmitir** übertragen

*El programa se transmite de lunes a viernes por las tardes.*

**zapear** zappen

*Julia odia la televisión; zapea mucho y no encuentra ningún programa interesante.*

## ? 33 *Une las palabras de la columna izquierda con su sinónimo o su antónimo de la columna derecha.*

| | | |
|---|---|---|
| 1. grabar | a) apagar | 1. ____ |
| 2. el/la remitente | b) la radiodifusión pública | 2. ____ |
| 3. el/la locutor/a | c) el/la receptor/a | 3. ____ |
| 4. encender | d) anunciar | 4. ____ |
| 5. la cadena privada | e) el/la presentador/a | 5. ____ |
| 6. hacer publicidad | f) (hablar) en directo | 6. ____ |

## NUEVOS MEDIOS

**agregar** hinzufügen ≠ **borrar; bloquear**

*Puedes agregarme a tu Facebook si quieres.*

**la aplicación** App

*Me he comprado una aplicación buenísima de recetas fáciles para cocinar.*

**el archivo de audio** Audiodatei

*Te envío todos los archivos de audio para que los escuches cuando quieras.*

**la autocorrección** Autokorrektur

*La autocorreción en el teléfono móvil es muy útil para escribir bien.*

**la batería** Akku

*La batería de los teléfonos inteligentes dura muy poco tiempo.*

**bloguear** bloggen

*A Sergio le gusta bloguear sobre temas de política.*

**bloquear** blockieren; sperren ≠ **agregar**

*Mi exnovio me ha bloqueado en Facebook.*

**el buzón de voz** Voicemail; Mailbox

*Inma me ha dejado un mensaje en el buzón de voz.*

**el buzón electrónico** E-Mail-Postfach

*El banco me envía las notificaciones a mi buzón electrónico personal.*

**el cargador** Ladekabel/-gerät

*Tengo poca batería y he olvidado el cargador del móvil en casa.*

**el celular** <Lat.Am.> Handy = **el móvil**

*Creo que ayer perdí mi celular en el tren.*

**cerrar sesión** sich ausloggen ≠ **iniciar sesión**

*He cerrado sesión en mi cuenta de Skype; ya puedes abrir la tuya.*

**chatear** chatten

*Luis ha empezado a chatear con una chica que le gusta mucho.*

**el ciberacoso** Cyber-Mobbing

*El ciberacoso es un problema muy grave que sufren muchos adolescentes.*

**la cobertura** Empfang; Netz

*Inés no llamó antes porque no tenía cobertura.*

**colgar algo en Internet** etw. im Internet posten

*Mira el vídeo que ha colgado Daniel en Internet. ¡Es muy divertido!*

**comentar** kommentieren **el comentario**

*A veces leo lo que otras personas comentan en los periódicos digitales.*

**la compañía telefónica** Telefonanbieter

*¿Cuál crees que es la mejor compañía telefónica?*

**compartir** teilen = **difundir**

*Twitter tiene una función para compartir fragmentos de vídeo.*

**la computadora** <Lat.Am.> Computer = **el ordenador**

*Mi nueva computadora es genial para jugar a los videojuegos.*

**conectar** verbinden **la conexión**

*Para poder jugar a este videojuego tenemos que conectar nuestras computadoras.*

**confuso/-a** unübersichtlich

*Hay que mejorar la página web de la empresa para que sea menos confusa.*

**el contestador automático** Anrufbeantworter

*Rubén llamó a Lara para hablar directamente con ella, pero saltó el contestador automático.*

**la conversación** Gespräch; Konversation

*No hemos tenido la oportunidad de terminar nuestra conversación.*

**el correo electrónico** E-Mail

*Ayer recibí un correo electrónico de una empresa para hacer una entrevista de trabajo.*

**crear una publicación** einen Beitrag erstellen **postear**

*He creado una publicación con mi último vídeo de música.*

**el delito cibernético** Cyberkriminalität

*La Unión Europea está trabajando para luchar contra los delitos cibernéticos.*

**denunciar a alguien** jmdn. melden

*¿Has denunciado a alguien en Facebook por crear publicaciones racistas?*

**difundir** verbreiten

*Gracias a los nuevos medios de comunicación se pueden difundir noticias rápidamente.*

**disponible** verfügbar

*Natalia no está disponible ahora mismo, pero puedes enviarle un correo electrónico.*

**distraerse** sich ablenken **≠ concentrarse**

*Los niños necesitan estudiar sin ruidos para no distraerse.*

**en línea** online **≠ desconectado/-a**

*¿Cuánto tiempo pasas al día en línea?*

**el enlace** Link **enlazar**

*Haz clic en el enlace para tener más información.*

**la era digital** digitales Zeitalter

*En la era digital la información se transmite mucho más rápidamente que antes.*

**estar lejos (de)** weit entfernt sein (von)

*En la era digital estar lejos no es un problema para comunicarse con la familia y los amigos.*

**el foro de debate** Forum

*Participo en un foro de debate abierto a muchos temas donde se aprende muchísimo.*

**hablar sobre/de** sich unterhalten über

*Si queréis quedamos esta tarde para hablar sobre la cena de la semana que viene.*

**incontrolado/-a** unkontrolliert

*Internet ha evolucionado muy rápidamente en los últimos años, pero sigue incontrolado.*

**el/la influente** Influencer/in

*Muchas empresas pagan a los influentes para que hagan publicidad de sus productos.*

**iniciar sesión** sich einloggen **≠ cerrar sesión**

*Voy a iniciar sesión en Instagram para subir mis últimas fotos.*

**inseguro/-a** unsicher

*Mis abuelos se sienten muy inseguros cuando utilizan Internet.*

**el/la internauta** Internetsurfer/in

*Para los internautas es importante que la página web sea segura.*

**el/la Internet** Internet **= la Red**

*Mario se pasa horas navegando por Internet.*

**introducir (en)** eingeben in

*Después de encender el celular tienes que introducir el código pin.*

**mandar** schicken = **enviar**

*He mandado un correo electrónico a todos mis compañeros de trabajo.*

**el mensaje** Nachricht

*He recibido tu mensaje ahora mismo; en unos minutos te respondo.*

**el móvil** Handy = **el celular**

*Con mi nuevo móvil puedo hacer fotos de buena calidad.*

**la notificación** Benachrichtigung; Mitteilung

*Tras una semana sin entrar a Facebook, tengo más de veinte notificaciones.*

**el ordenador** Computer

*Tengo un ordenador que es muy bueno para jugar a videojuegos.*

**la palabra clave** Stichwort

*Para encontrar la información que necesites en Internet, lo mejor es escribir dos o tres palabras clave.*

**el perfil** Profil

*Me he creado un perfil en Instagram.*

**la pornografía** Pornografie

*En la era digital, los jóvenes pueden encontrar pornografía con demasiada facilidad.*

**el portátil** Laptop

*Mi portátil es bastante viejo, pero sigue funcionando muy bien.*

**la privacidad** Privatsphäre

*Los cibernautas se preocupan cada vez más por su privacidad en Internet.*

**el ratón** (Computer)maus

*Vas a poder jugar mejor con tu ordenador si utilizas el ratón.*

**la red oscura** Darknet

*Gonzalo me contó que visitó una vez la red oscura y le dio mucho miedo.*

**las redes sociales** (Pl.) soziale Netzwerke/Medien (Pl.)

*¿Cuáles son las redes sociales que más utilizas?*

**la restricción de edad** Altersbeschränkung

*Los padres pueden poner una restricción de edad en las páginas web para que sus hijos no entren.*

**el/la seguidor/a** Follower/in **seguir**

*Los influentes suelen tener muchos seguidores en sus redes sociales.*

**sonar** klingeln

*El móvil del profesor sonó y tuvo que salir rápidamente de clase.*

**la tableta** Tablet

*El viernes llega la nueva tableta que me he comprado por Internet.*

**el teclado** Tastatur **la tecla**

*Dime dónde compraste tu teclado para el ordenador; yo también quiero uno así.*

**la teleconferencia** Telefonkonferenz

*La empresa me hizo la entrevista de trabajo por teleconferencia.*

**la telefonía móvil** mobile Telefonie

*La telefonía móvil e Internet se han desarrollado muy rápidamente en los últimos diez años.*

**el teléfono inteligente** Smartphone

*Hoy en día es difícil vivir sin un teléfono inteligente.*

**tener acceso a algo** Zugang zu etw. haben

*En la actualidad casi todo el mundo tiene acceso a Internet.*

**el/la usuario/-a** Benutzer/in; User/in **usar**

*Los usuarios han valorado la aplicación como la mejor del 2019.*

**la videollamada** Videoanruf

*Desde que vive en Francia, Carolina hace videollamadas a sus padres por las noches.*

## ? 34 *Clasifica las siguientes palabras en la categoría adecuada.*

**colgar algo en Internet • el/la seguidor/a • compartir • el ratón • agregar • el móvil • el enlace • bloguear • el ordenador • el correo electrónico • el portátil • comentar • bloquear • el teclado**

| las redes sociales | navegar en Internet | los aparatos |
|---|---|---|
| | | |

**el aborto** Abtreibung **abortar**

*En Argentina hubo varias manifestaciones para legalizar el aborto.*

**abusar** missbrauchen **el abuso**

*El acusado irá a la cárcel por abusar sexualmente de una joven.*

**el accidente cerebrovascular** Schlaganfall

*Desde que tuvo el accidente cerebrovascular, Lola intenta disfrutar más de la vida.*

**adicto/-a** süchtig **la adicción**

*Jorge es adicto a los videojuegos.*

**afectar** betreffen; beeinträchtigen

*Qué y cuánto comemos afecta a nuestra salud.*

**la alergia** Allergie **alérgico/-a**

*No tengo alergia a nada, que yo sepa.*

**la alimentación equilibrada** ausgewogene Ernährung

*El deporte y la alimentación equilibrada son muy importantes para sentirse bien.*

**la ambulancia** Krankenwagen

*Tras el accidente, Elena llamó a urgencias y una ambulancia llegó rápidamente.*

**la anorexia** Magersucht **anoréxico/-a**

*La publicidad es responsable, en parte, de muchos casos de anorexia.*

**la atención sanitaria** Gesundheitsversorgung

*Todas las víctimas del huracán necesitaron atención sanitaria.*

**la bulimia** Bulimie **bulímico/-a**

*A veces es difícil saber cuándo una persona tiene bulimia.*

**el cáncer** Krebs **cancerígeno/-a**

*Según la OMS, el cáncer es la segunda causa de muerte en el mundo.*

**el cerebro** Gehirn **cerebral**

*Alguien me dijo una vez que el cerebro es una máquina de ideas.*

**el chequeo preventivo** Vorsorgeuntersuchung

*Las mujeres suelen hacerse más chequeos preventivos que los hombres.*

**la cita con el/la médico/-a** Arzttermin

*Tengo una cita con el médico para hacerme un chequeo preventivo.*

**combatir** bekämpfen

*Manuel combate la anorexia y la bulimia desde su blog de salud.*

**la comida basura** Junkfood

*De pequeña no comía comida basura porque mis padres me lo prohibían.*

**constatar** feststellen **= comprobar**

*En el hospital constataron que tenía una alergia.*

**la consulta** Sprechstunde; Praxis

*Ayer estuve esperando una hora para entrar en la consulta del doctor Vilches.*

**contagioso/-a** ansteckend

*El cáncer no es contagioso.*

**la contracepción** Empfängnisverhütung

*Es necesario que los jóvenes sepan qué métodos de contracepción existen.*

**correr el riesgo** das Risiko eingehen

*Las personas mayores corren el riesgo de contraer una gripe con más facilidad.*

**el cuidado de ancianos** Altenpflege

*Trabajo en una empresa que se dedica al cuidado de ancianos.*

**curarse** gesund werden; genesen **≠ enfermar**

*Si haces reposo y bebes mucho líquido te curarás del resfriado.*

**desnutrido/-a** unterernährt; mangelernährt

*Los maestros constataron que había niños desnutridos en la escuela, y les dieron de comer.*

**la discapacidad** Beeinträchtigung; Behinderung

*Las personas con discapacidad tienen derecho a ser tratadas en igualdad de oportunidades.*

**el dolor** Schmerz **doloroso/-a**

*Desde que tuve la lesión en la rodilla, siento dolor en toda la pierna.*

**el dolor de garganta** Halsweh; Halsschmerzen

*Ayer hacía mucho viento y por eso hoy tengo dolor de garganta.*

**el/la donante de órganos** Organspender/in

*España es un país con muchos donantes de órganos.*

**drogadicto/-a** drogenabhängig

*Los drogadictos solo piensan en conseguir dinero para comprar droga.*

**enfermar** erkranken

*Mi abuelo ha enfermado y ahora está en el hospital.*

**la enfermedad mental** psychische Krankheit

*Las enfermedades mentales siguen siendo un tabú en nuestra sociedad.*

**envejecer** altern; alt werden

*Javier dice que envejecerá en una casa al lado de la playa.*

**la epidemia** Epidemie; Seuche

*Esta epidemia ha causado decenas de muertos.*

**la esperanza de vida** Lebenserwartung

*La esperanza de vida en Chile es de unos 79,5 años de media.*

**estornudar** niesen

*Llevo toda la mañana estornudando y tengo dolor de cabeza.*

**examinar** untersuchen **el examen**

*Los médicos examinaron a Cristina para saber si tenía alguna enfermedad.*

**el feto** Fötus

*El feto se puede ver después de las primeras ocho semanas de embarazo.*

**fumar** rauchen

*Quienes fuman pueden tener accidentes cerebrovasculares más fácilmente.*

**la gripe** Grippe

*La gripe es una enfermedad contagiosa.*

**hacer ejercicio** sich bewegen; sich sportlich betätigen

*Los médicos le recomendaron a mi tío hacer ejercicio todos los días.*

**el ictus** Schlaganfall

*Mi abuela tuvo un ictus leve y pudo seguir haciendo su vida normal.*

**infectar** infizieren

*Después de la operación, la herida de Marcos se infectó.*

**la jeringa** Spritze **= la inyección**

*A mí me dan miedo las jeringas. Por eso no quiero donar sangre.*

**la lista de espera** Warteliste

*Julio está en lista de espera para la operación de su rodilla.*

**maligno/-a** bösartig **≠ benigno/-a**

*Mi amigo David tuvo cáncer cuando era más joven. Por suerte no era maligno.*

**el/la médico/-a** Arzt/Ärztin

*Muchos médicos quieren ayudar a los demás.*

**la miopía** Kurzsichtigkeit

*Las personas con miopía no pueden ver bien de lejos.*

**mortal** tödlich

*La gripe puede ser mortal.*

**las náuseas** (Pl.) Übelkeit

*Tener náuseas durante el embarazo es normal.*

**la Organización Mundial de la Salud (OMS)**
Weltgesundheitsorganisation (WHO)

*La Organización Mundial de la Salud advierte del riesgo de una nueva epidemia de ébola.*

**padecer** erleiden; leiden an

*Las personas que padecen esta enfermedad suelen tener náuseas y dolores.*

**el parto** Geburt

*Bárbara cuenta que su segundo parto fue más fácil que el primero.*

**la pastilla** Tablette

*Leticia solo toma pastillas cuando tiene dolor de garganta o de cabeza.*

**peligroso/-a** gefährlich **el peligro**

*Beber mucho alcohol es muy peligroso.*

**prematuro/-a** vor-/frühzeitig

*Bea me ha contado que tuvo un parto prematuro, pero que su bebé está bien.*

**preocupante** besorgniserregend

*Es preocupante que el consumo de tabaco vuelva a aumentar.*

**la presión sanguínea** Blutdruck

*Mi abuelo tiene la presión sanguínea bastante baja.*

**prevenir** vorbeugen; verhüten **preventivo/-a**

*"Más vale prevenir que curar" es un refrán popular.*

**el pulmón** Lunge **pulmonar**

*Mi abuelo murió por un cáncer de pulmón porque fumaba mucho.*

**resfriarse** sich erkälten **el resfriado**

*Todos los años, mi hija suele resfriarse en noviembre y en enero.*

**la salud** Gesundheit **saludable**

*Fumar es muy malo para la salud.*

**la sanidad** Gesundheit

*La sanidad española es una de las mejores del mundo.*

**el seguro médico** Krankenversicherung

*Mis padres han contratado un seguro médico para poder ir a mejores hospitales.*

**el sida** AIDS

*Freddie Mercury murió de sida en 1991.*

**el sistema inmunitario** Immunsystem **inmune**

*La vitamina C es muy buena para el sistema inmunitario.*

**el sistema sanitario** Gesundheitssystem

*Yo creo que el sistema sanitario se podría mejorar.*

**sufrir** erleiden

*Después de sufrir el cáncer, quiero vivir feliz y hacer cosas que me gustan.*

**el testamento vital** Patientenverfügung

*Alejandro ha hecho el testamento vital; quiere donar sus órganos cuando muera.*

**toser** husten

*No he parado de toser en todo el día. Creo que me he resfriado.*

**tratar** behandeln **el tratamiento**

*Es mejor tratar las enfermedades en fases tempranas.*

**vacunar(se) contra** sich impfen lassen gegen **la vacuna**

*Antes de viajar a algún país africano hay que vacunarse contra muchas enfermedades.*

**las vías respiratorias** (Pl.) Atemwege (Pl.)

*Fumar puede dañar las vías respiratorias.*

**vomitar** sich übergeben; erbrechen

*Después de comer 'sushi' empezó a vomitar; ha pasado muy mala noche.*

## ? 35 *Completa las frases con palabras de 'Salud'.*

1. Después del accidente de coche no tardó en llegar una ______________ donde estábamos.
2. El ______________ defiende al cuerpo contra las infecciones.
3. Desde hace unos años hay menos médicos en los hospitales y las ______________ son más largas.
4. Por desgracia, el ______________ es todavía una enfermedad difícil de curar.
5. España es uno de los países con la ______________ más alta del mundo.
6. La gripe puede llegar a ser una enfermedad ______________ en algunos casos.

7. La tuberculosis es una enfermedad ____________________ por la que una persona puede morir si no recibe tratamiento.

8. Esta semana voy a pedir una ____________________ para un chequeo preventivo.

9. Todas las semanas Daniel ____________________: sale a correr dos días y va al gimnasio tres.

10. No es bueno para el ____________________ fumar durante el embarazo.

## TECNOLOGÍA

**el adelanto** Errungenschaft; Fortschritt ≠ **el atraso**
*La invención del coche fue un gran adelanto para la humanidad.*

**la Administración Nacional de la Aeronáutica y del Espacio (NASA)**
Nationale Aeronautik- und Raumfahrtbehörde
*La NASA enviará a un equipo de astronautas a Marte en 2033.*

**el ADN** DNS
*El ADN puede dar información sobre quiénes son nuestros familiares, por ejemplo.*

**la aeronáutica** Luftfahrt
*La NASA está buscando especialistas en aeronáutica para un nuevo proyecto.*

**la Agencia Espacial Europea (AEE)** Europäische Weltraumorganisation
*La Agencia Espacial Europea es uno de los grandes éxitos de la Unión Europea.*

**analizar** analysieren
*Los trabajadores han analizado las consecuencias del cambio climático.*

**el/la astronauta** Astronaut/in
*El astronauta más famoso de España es Pedro Duque.*

**aterrizar** landen **la tierra**

*Los astronautas aterrizaron sin ningún problema.*

**la atmósfera** Atmosphäre

*Es importante cuidar la atmósfera para evitar el cambio climático.*

**el avance** Fortschritt **≠ el retroceso**

*La medicina es uno de los ámbitos del saber donde más avances se producen.*

**el cálculo** Berechnung

*Según los cálculos de los expertos, pronto habrá problemas a causa del cambio climático.*

**la cámara de vigilancia** Überwachungskamera

*Las cámaras de vigilancia han grabado a varias personas en este lugar.*

**científico/-a** wissenschaftlich

*Los avances científicos son cada vez más impresionantes.*

**el/la científico/-a** Wissenschaftler/in

*Los científicos buscan sin pausa la forma de curar el cáncer.*

**clonar** klonen

*La oveja Dolly fue el primer animal que se clonó con éxito.*

**el cohete** Rakete

*Para ser astronauta tienes que entrenarte para poder viajar en un cohete.*

**complejo/-a** komplex; vielschichtig **≠ sencillo/-a**

*Es muy complejo saber si hay vida en otros planetas.*

**desarrollar** entwickeln **el desarrollo**

*Los científicos desarrollan constantemente nuevos sistemas para curar enfermedades.*

**el desorden genético** Gendefekt; genetische Störung

*La medicina puede curar algunos desórdenes genéticos raros en la actualidad.*

**el despegue** Start

*El despegue del cohete fue celebrado por toda la Agencia Espacial Europea.*

**eficaz** leistungsfähig; wirksam

*La ciencia ofrece técnicas eficaces para curar enfermedades.*

**escanear** (ein)scannen

*Voy a escanear estos documentos para enviárselos a Jessica por correo electrónico.*

**el espacio** (Welt)raum

*La primera mujer que viajó al espacio fue Valentina Tereshkova.*

**espiar** (aus)spionieren

*La Unión Soviética espió a los Estados Unidos durante los años 80.*

**la estación** Station

*Cuando los astronautas llegaron a la estación, todo estaba preparado.*

**la Estación Espacial Internacional (EEI)** Internationale Raumstation (ISS)

*En la Estación Espacial Internacional se realizan experimentos con plantas para saber si pueden sobrevivir en el espacio.*

**el experimento** Versuch; Experiment

*Los resultados del experimento todavía no son lo suficientemente buenos para vender el medicamento.*

**la fibra de vidrio** Glasfaser

*La fibra de vidrio se utiliza para aislar las casas del frío o del calor, entre otros usos.*

**hacerse la inseminación artificial** sich künstlich befruchten lassen

*Marta siempre ha querido tener un hijo y ha optado por hacerse la inseminación artificial.*

**el hito** Meilenstein

*La llegada del primer ser humano al espacio por primera vez en 1961 fue un hito histórico.*

**implantar** implantieren; einsetzen **el implante**

*Después del infarto, a mi abuelo le implantaron un corazón nuevo.*

**inalámbrico/-a** drahtlos; schnurlos

*Cada vez se fabrican más aparatos inalámbricos porque son muy prácticos.*

**innovador/a** innovativ; neuartig

*El innovador sistema de Jeanologia reduce la contaminación en la producción de pantalones vaqueros.*

**la inteligencia artificial (IA)** künstliche Intelligenz (AI)

*La inteligencia artificial ya puede escribir libros y artículos de periódico.*

**la investigación con células madre** Stammzellenforschung

*La investigación con células madre es muy importante para poder curar enfermedades como el alzhéimer.*

**el/la investigador/a** Wissenschaftler/in; Forscher/in

*Los investigadores han desarrollado un nuevo medicamento contra la migraña.*

**investigar** untersuchen; (er)forschen

*Estamos investigando la forma de curar el cáncer.*

**el laboratorio** Labor

*Para entrar en el laboratorio tenemos que cambiarnos de ropa.*

**localizar** orten

*Las autoridades sanitarias de Perú han localizado un nuevo brote de malaria.*

**la luna** Mond

*La primera vez que el ser humano estuvo en la Luna fue en 1969.*

**la manipulación genética** Genmanipulation

*La manipulación genética está prohibida en varios países.*

**Marte** Mars

*Desde hace años, los científicos investigan si puede haber vida en Marte.*

**la microcirugía** Mikrochirurgie

*La microcirugía es práctica para operar algunos problemas oculares o bucales, por ejemplo.*

**la nave espacial** Raumschiff

*Muchas naves espaciales se han perdido de camino a Marte.*

**la pantalla táctil** Touchscreen

*El otro día se me cayó el móvil y se rompió la pantalla táctil.*

**la prueba genética** Gentest

*Las pruebas genéticas son necesarias para descubrir algunas enfermedades.*

**el reconocimiento de voz** Spracherkennung

*No uso el reconocimiento de voz de mi móvil porque tengo miedo de que me espíen.*

**la red neuronal (artificial)** (künstliches) neuronales Netz

*El funcionamiento de las redes neuronales artificiales está inspirado en el sistema nervioso humano.*

**el robot** Roboter

*En 2019 crearon un robot que puede hablar con personas, imitar sus gestos y mostrar empatía.*

**la robótica** Robotertechnik

*La robótica se ha desarrollado muchísimo en los últimos años.*

**el satélite** Satellit

*Hemos enviado satélites al espacio para poder saber qué tiempo va a hacer con más precisión.*

**el sensor de huella digital** Fingerabdruckscanner

*Podemos entrar al edificio gracias al sensor de huella digital que hay en la puerta.*

**el sistema solar** Sonnensystem

*El sistema solar está formado por ocho planetas grandes y cinco pequeños.*

**supervisar** überwachen **= controlar**

*Un equipo externo supervisará la investigación para asegurar la calidad de los datos.*

**tecnológico/-a** technologisch

*El desarrollo tecnológico de los últimos diez años ha sido impresionante.*

**la Tierra** Erde; Welt

*La Tierra es nuestra casa y por eso tenemos que cuidarla.*

**el tráfico aéreo** Luftverkehr

*El tráfico aéreo se realiza desde las torres de control de los aeropuertos.*

**el universo** (Welt)all; Universum **universal**

*Según los cosmólogos, el universo se originó gracias a una gran explosión llamada 'Big Bang'.*

## ? 36 *Usa las sílabas para formar palabras que completen las frases.*

ru • cio • té • ló • do • ri • na • tro • in • es • ex • ci • co • tec • res • tos • a • pa • ves • cro • sa • ta • gí • no • zan • mi • men • nau • ti • gi • ga • pe • li • tes • as • li • a

1. La ciencia avanza gracias a los _ _ _ _ _ _ _ _ _ _ _ _ que hacen los científicos.
2. La _ _ _ _ _ _ _ _ _ _ _ _ es posible gracias a los microscopios.
3. En 1961 el Vostok I hizo el primer vuelo al _ _ _ _ _ _ _.

4. La Estación Espacial Internacional puede enviar _ _ _ _ _ _ _ _ _ desde 2012.

5. Los científicos _ _ _ _ _ _ _ _ las consecuencias del cambio climático.

6. Pedro Duque es un famoso _ _ _ _ _ _ _ _ _ _ español.

7. En los últimos años se ha producido un gran desarrollo _ _ _ _ _ _ _ _ _ _ _ en todo el mundo.

8. Los _ _ _ _ _ _ _ _ _ _ _ _ _ _ creen que dentro de pocos años habrá una forma de curar el alzhéimer.

## INFORMÁTICA

**acceder a** zugreifen auf
*¿Cómo puedo acceder a los archivos guardados en la nube?*

**apagar** ausschalten; herunterfahren ≠ **encender**
*Apaga el ordenador cuando acabes, por favor.*

**el archivo** Datei **archivar**
*Te he enviado toda la información en un archivo comprimido.*

**la arroba** At-Zeichen; @
*El símbolo de la arroba es muy antiguo, pero ahora se usa para el correo electrónico.*

**autentificar** authentifizieren
*Tienes que autentificar tu identidad para poder entrar a tu perfil.*

**bajarse** herunterladen
*Me he bajado una canción de Vetusta Morla que me encanta.*

**la barra de tareas** Taskleiste

*Para guardar el documento busca en la barra de tareas el botón 'Archivo'.*

**la base de datos** Datenbank

*Lo siento, señor, su nombre no está en la base de datos; no puedo ayudarlo.*

**borrar** löschen

*Borra la versión anterior del documento para no confundirte.*

**el buscador** Suchmaschine **buscar**

*El buscador más utilizado del mundo es Google.*

**la capacidad** Leistung(sfähigkeit); Kapazität

*¿Cuánta capacidad tiene tu ordenador?*

**la carpeta** Ordner

*El archivo está en la carpeta del escritorio con el nombre 'Informes'.*

**el código** Code

*¿Cuál es el código para desbloquear tu teléfono?*

**compilar** kompilieren **la compilación**

*He compilado todos los textos que he escrito hasta ahora para hacer un libro.*

**la contraseña** Passwort **= el código**

*He cambiado la contraseña de todos mis aparatos electrónicos.*

**el correo no deseado** Spam

*Se recomienda borrar el correo no deseado cada poco tiempo.*

**cortar** ausschneiden

*Corta este texto y pégalo en otro documento.*

**descargar** herunterladen; downloaden

*Anoche me descargué un libro para leerlo en mi tableta.*

**el disco duro** Festplatte

*Mi disco duro tiene una capacidad de 1 TB.*

**el dispositivo** Gerät

*Con esta aplicación puedes escuchar música en todos tus dispositivos.*

**la edición de imágenes** Bildbearbeitung

*¿Conoces algún programa de edición de imágenes que sea gratis?*

**editar** bearbeiten

*A Eduardo le encanta editar fotos y subirlas a sus redes sociales.*

**el espacio virtual** virtueller Raum

*Google Street View es un espacio virtual donde puedes ver las calles de las ciudades más importantes del mundo.*

**el fichero** Datei

*He almacenado las fotos en un fichero.*

**la función** Funktion

*El ordenador es caro porque tiene funciones que otros ordenadores no ofrecen.*

**el gráfico** Grafik

*El gráfico muestra el desarrollo de la población durante los últimos veinte años.*

**guardar** (ab)speichern

*He guardado el documento en el escritorio para que puedas acceder a él rápidamente.*

**imprimir** drucken **la impresora**

*Joaquín ha imprimido el documento equivocado.*

**insertar** einfügen

*Para insertar un gráfico tienes que hacer clic sobre este símbolo.*

**instruir** anweisen; befehlen **la instrucción**

*El programa instruye sobre cómo hacer operaciones matemáticas muy complejas.*

**el lenguaje de programación** Programmiersprache

*Java es uno de los lenguajes de programación más usados del mundo.*

**la memoria USB** USB-Stick

*No olvides coger tu memoria USB del ordenador.*

**el navegador** Browser

*Puedes usar otro navegador para hacer tus búsquedas.*

**navegar por Internet/la Red** im Internet surfen

*El 96% de los jóvenes navegan por Internet a diario.*

**la página web** Webseite

*Pablo me ha recomendado una página web donde podemos encontrar información objetiva.*

**la pestaña** Registerkarte; Reiter

*Cuando Victoria navega por la Red abre muchas pestañas en su navegador.*

**el procedimiento** Verfahren; Methode **proceder**

*No sé cuál es el procedimiento para recuperar archivos que ya he borrado.*

**el procesador** Prozessor

*El procesador de este móvil es más rápido que el que tenía antes.*

**programar** programmieren **el programa**

*Lucas aprendió a programar antes de estudiar Ingeniería informática.*

**la protección de datos (personales)** Datenschutz

*La protección de datos se ha convertido en un tema muy importante en la Unión Europea.*

**el servidor** Server **servir**

*Sandra todavía no tiene acceso al servidor.*

**sincronizar** synchronisieren

*Primero sincronizaremos los dispositivos y después aprenderemos cómo enviar datos.*

**el sistema operativo** Betriebssystem

*La mayoría de los ordenadores utilizan el sistema operativo de Windows.*

**subir** hochladen **≠ bajar; descargar**

*Sube el archivo al servidor para que todos podamos verlo.*

**la tabla** Tabelle

*He hecho una tabla con los datos de todos los libros que he utilizado para escribir este artículo.*

**el término de búsqueda** Suchbegriff

*¿Qué término de búsqueda has utilizado para llegar a este documento?*

**el tratamiento de datos** Datenverarbeitung

*El cliente debe expresar si acepta el tratamiento de datos personales por parte de la empresa.*

**el tratamiento de textos** Textverarbeitung

*En la universidad aprendí a usar varios programas de tratamiento de textos que son muy útiles.*

## 37 *Resuelve el siguiente crucigrama con las palabras de 'Informática'.*

### Horizontal

1. El __ __ __ __ __ __ fuente de una página web suele estar escrito en lenguaje HTML o en Javascript.
2. Representación de datos mediante líneas.
3. Acción que haces cuando quieres un archivo de tu ordenador en papel.
4. Letras, números y/o símbolos que usas para proteger tus datos en Internet.
5. Acción que haces cuando quieres que un archivo de tu ordenador esté en Internet.
6. Aplicación que te permite navegar por Internet.

### Vertical

7. Acción que haces cuando quieres mantener un archivo en tu ordenador.
8. Acción que haces para pasar tus contactos, aplicaciones y fotos de un teléfono inteligente a otro.
9. Modificar un texto en el ordenador.
10. Herramienta que se usa para encontrar información en Internet.

# SOLUCIONES

## 1 SOCIEDAD

### 1

1. conciliación laboral • 2. cuñada • 3. matrimonio • 4. viudo • 5. custodia • 6. adoptar • 7. abuelos • 8. cuidar de • 9. nietos • 10. huérfana

### 2

**Horizontal:** 1. transgénero • 2. emancipó
**Vertical:** 3. homosexual • 4. igualdad • 5. autodeterminada • 6. machismo • 7. excluir

### 3

1. la autoestima• 2. agobia • 3. esfuerzo • 4. la mayoría de edad • 5. falta de perspectivas • 6. Crecer • 7. se ha independizado • 7. madura

### 4

1. la guardería • 2. horarios • 3. la Educación Primaria • 4. la Educación Secundaria Obligatoria/la ESO • 5. suspendí • 6. repetir un curso • 7. bachillerato • 8. nota media • 9. matricularme • 10. hacer unas prácticas • 11. título de máster

### 5

1. f) • 2. h) • 3. a) • 4. i) • 5. j) • 6. b) • 7. c) • 8. d) • 9. e) • 10. g)

### 6

1. ateo • 2. budismo • 3. Corán • 4. cristianismo • 5. creyente • 6. predicar • 7. pecados • 8. Biblia

### 7

**Horizontal:** 1. lesión • 2. tarjeta • 3. deportivo • 4. gimnasio • 5. esquiar
**Vertical:** 6. equipo • 7. surfear • 8. correr • 9. estadio • 10. práctica

## 2 ECONOMÍA, GLOBALIZACIÓN Y TURISMO

### 8

1. e) • 2. f) • 3. a) • 4. b) • 5. c) • 6. d) • 7. g)

### 9

1. g) • 2. j) • 3. b) • 4. l) • 5. f) • 6. i) • 7. k) • 8. a) • 9. c) • 10. h) • 11. d) • 12. e)

### 10

1. huelga • 2. empresarios • 3. temporal • 4. currículum • 5. entrevista • 6. tasa • 7. solicitar • 8. salario • 9. experiencia • 10. precariedad

### 11

1. el tipo de cambio • 2. exportar a • 3. el socio comercial • 4. la Organización Mundial del Comercio (OMC) • 5. la importación • 6. el comercio • 7. la materia prima • 8. la tasa arancelaria • 9. las relaciones comerciales • 10. el acuerdo comercial

### 12

1. arriesgó • 2. miseria • 3. morriña • 4. regresar • 5. trayecto • 6. embarcación • 7. traficante de inmigrantes ilegales • 8. permiso de residencia • 9. valla • 10. las diferencias culturales • 11. nacionalidad

### 13

1. senderismo • 2. reservar • 3. destino • 4. impuesto • 5. albergues • 6. temporada • 7. veranear

## 3 POLÍTICA

### 14
1. h) • 2. k) • 3. m) • 4. e) • 5. j) • 6. c) • 7. a) • 8. ñ) • 9. f) • 10. g) • 11. i) • 12. b) • 13. o) • 14. n) • 15. d) • 16. l)

### 15
1. encuestas • 2. mayoría absoluta • 3. programa electoral • 4. voto • 5. discurso • 6. campañas • 7. elecciones municipales y autonómicas • 8. propuesta de mejora

### 16
**Horizontal:** 1. demanda • 2. bilingüe • 3. manifestación • 4. afán • 5. bandera
**Vertical:** 6. autonomía • 7. catalán • 8. Euskadi • 9. gallego • 10. referéndum •

### 17
1. la Casa Real • 2. la servidumbre • 3. el papel • 4. el sucesor al trono • 5. la honestidad • 6. la princesa heredera • 7. la dignidad • 8. solemne • 9. abdicar • 10. la infanta

## 4 HISTORIA

### 18
1. e) • 2. i) • 3. a) • 4. j) • 5. g) • 6. c) • 7. b) • 8. d) • 9. h) • 10. f)

### 19
1. territorio • 2. apogeo • 3. influyente • 4. dinastías • 5. sefardíes • 6. batalla • 7. ciencia

### 20
1. desembarcó • 2. oro • 3. intérpretes • 4. indígenas • 5. cristianizar • 6. súbditos • 7. explorar • 8. explotar • 9. Nuevo Mundo • 10. colonización

### 21
1. el/la etarra • 2. la paz • 3. el/la terrateniente • 4. la víctima • 5. disparar a • 6. la nobleza • 7. sin escrúpulos • 8. la hambruna • 9. fracasar • 10. el/la enemigo/-a • 11. el golpe de Estado • 12. el frente • 13. la posguerra • 14. el Valle de los Caídos • 15. partir al exilio

## 5 GEOGRAFÍA Y MEDIOAMBIENTE

### 22
**el transporte público:** el AVE, el tranvía, el metro, el tráfico de cercanías, el aeropuerto
**el paisaje rural:** la sierra, pantanoso/-a, el desierto, la costa, el bosque
**el paisaje urbano:** superpoblado/-a, el rascacielos, el edificio, el esmog, el centro comercial

### 23
1. huracán • 2. tormentas • 3. previsión del tiempo • 4. estación • 5. cambio climático • 6. soleados • 7. ha derretido • 8. descender • 9. inundación • 10. grados centígrados

### 24
**Horizontal:** 1. evitar • 2. deforestación • 3. impacto • 4. hábitat • 5. ecosistema • 6. residuos • 7. contaminar
**Vertical:** 8. sostenible • 9. microplástico • 10. diversidad

## 6 ARTE Y CULTURA

### 25
1. artistas • 2. reconocidos • 3. cuadros • 4. cubismo • 5. visitantes • 6. arquitecto • 7. diseñó • 8. exposiciones

### 26
1. e) • 2. a) • 3. i) • 4. g) • 5. j) • 6. d)
7. c) • 8. b) • 9. h) • 10. f)

### 27
1. cine independiente – comerciales • 2. rodar • 3. público • 4. escenario • 5. interpreta • 6. películas en blanco y negro • 7. graciosa • 8. estrenó • 9. películas más taquilleras – espectadores

### 28
**los artistas:** el/la bailaor/a, el/la cantante, el/la cantaor/a
**los instrumentos:** el piano, la voz, la guitarra flamenca, la batería
**las canciones:** el estribillo, el ritmo, la letra, la estrofa

### 29
**Horizontal:** 1. modisto (también modista) • 2. elegante • 3. rebajas
**Vertical:** 4. desfile • 5. abrigo • 6. talla • 7. tela • 8. tendencia

### 30
1. el alimento • 2. la olla • 3. sabroso/-a • 4. la vajilla • 5. recomendar • 6. el camarero • 7. la especia • 8. el fogón • 9. la alta cocina • 10. el ingrediente • 11. pedir • 12. preferido/-a

### 31
1. celebrar • 2. Fallas • 3. Feria de Abril • 4. Navidad – se reúne • 5. Semana Santa • 6. aniversario • 7. costumbres • 8. día de los Reyes Magos – regalos

## 7 MEDIOS DE COMUNICACIÓN

### 32
1. redactor • 2. reportaje • 3. caricaturas • 4. objetivos • 5. diario • 6. fuentes • 7. revista • 8. titulares

### 33
1. f) • 2. c) • 3. e) • 4. a) • 5. b) • 6. d)

### 34
**las redes sociales:** el/la seguidor/a, compartir, agregar, comentar, bloquear
**navegar en Internet:** colgar algo en Internet, el enlace, bloguear, el correo electrónico
**los aparatos:** el ratón, el móvil, el ordenador, el portátil, el teclado

## 8 CIENCIA, SALUD Y TECNOLOGÍA

### 35
1. ambulancia • 2. sistema inmunitario • 3. listas de espera • 4. cáncer • 5. esperanza de vida • 6. mortal • 7. contagiosa • 8. cita con el médico • 9. hace ejercicio • 10. feto

### 36
1. experimentos • 2. microcirugía • 3. espacio • 4. satélites • 5. analizan • 6. astronauta • 7. tecnológico • 8. investigadores

### 37
**Horizontal:** 1. código • 2. gráfico • 3. imprimir • 4. contraseña • 5. subir • 6. navegador
**Vertical:** • 7. guardar • 8. sincronizar • 9. editar • 10. buscador

## F



## G



## H



## I

## Q



## R



## S

## T